# CÓMO FORMAR VENCEDORES DE GIGANTES

BILL JOHNSON
*con* BENI JOHNSON

# CÓMO FORMAR VENCEDORES DE GIGANTES

IMPULSE CON INTENCIÓN EL DESTINO DIVINO DE SUS HIJOS

WHITAKER HOUSE
*Español*

Traducción al español por:
Belmonte Traductores
Manuel de Falla, 2
28300 Aranjuez
Madrid, ESPAÑA
www.belmontetraductores.com

Editado por: Ofelia Pérez

**Cómo formar vencedores de gigantes**
**Impulse con intención el destino divino de sus hijos**

ISBN: 978-1-64123-594-5
eBook ISBN: 978-1-64123-595-2
Impreso en los Estados Unidos de América


Whitaker House
1030 Hunt Valley Circle
New Kensington, PA 15068
www.whitakerhouse.com

Por favor, envíe sugerencias sobre este libro a: comentarios@whitakerhouse.com.



1 2 3 4 5 6 7 8 9 10 11 12 28 27 26 25 24 23 22 21 20

Dedicamos este libro a nuestros tres hijos:
Eric, Brian y Leah.

Ustedes son un sueño hecho realidad.
El privilegio de ser sus padres es nuestro más alto honor.
No hay palabras que expresen nuestro amor, y estamos agradecidos por su papel como padres, líderes y personas que están cambiando el mundo. Les celebramos de todo corazón.
Y ahora observamos y oramos mientras ustedes forman y educan amorosamente a nuestros diez nietos. Ustedes son nuestro mayor gozo en la vida.

# ÍNDICE

# RECONOCIMIENTOS

Muchas gracias a mi equipo personal: Michael y Abigail. Su constante ayuda es invaluable para mí, haciendo que sean posibles libros como este.

Y muchas gracias a Pam Spinosi: tu ayuda en *Cómo formar vencedores de gigantes* va más allá de las palabras. Tu destreza con la edición y tus consejos en el proceso han demostrado una vez más ser de un valor supremo. ¡Gracias!

# INTRODUCCIÓN

## Crianza con propósito divino

Escribimos este libro desde nuestra propia experiencia. Comenzamos la crianza de los hijos con el sueño de disfrutar cada etapa de las vidas de nuestros hijos más que la anterior. Sentíamos también que no debíamos estar atados ni dejarnos influir por la negatividad que encontrábamos en el hogar típico. Por la gracia de Dios, vimos cómo este sueño se hizo realidad.

Hay muchos libros maravillosos sobre la crianza de los hijos, escritos por autores y líderes extremadamente competentes. De veras celebramos a cada uno de ellos, ya que necesitamos todas las perspectivas y todo el entrenamiento que podamos para esta tarea tan desafiante. Este libro, sin embargo, está escrito no para duplicar sus esfuerzos ni para hacernos eco de sus perspectivas e ideas; en cambio, esperamos añadir al mensaje un sentimiento del privilegio de formar y criar hijos con un propósito divino firme e inquebrantable. Esta es nuestra pasión: *formar vencedores de gigantes* que cambiarán el mundo. Juntos, debemos alterar el curso de la historia del mundo.

Bill y Beni Johnson

# 1

# DAVID, GOLIAT Y TÚ

La idea de formar a nuestros hijos para que sean *vencedores de gigantes* puede parecer una metáfora demasiado violenta para algunos y demasiado improbable para otros. Pero para mí, es una descripción extremadamente precisa de la crianza de los hijos, al menos para los que quieren formar y educar a sus hijos con un significado eterno.

El salmista describió con precisión este reto y privilegio con estas palabras: "He aquí, herencia de Jehová son los hijos... Como saetas en mano del valiente" (Salmos 127:3-4). Este pasaje revela las dos partes principales de ser mamá o papá: el gozo de recibir el regalo de Dios de un hijo, y la seria responsabilidad de entrenar y formar a ese hijo para que tenga significado. El padre que valora el regalo será quien más se beneficiará de su impacto.

En tiempos bíblicos los arcos, las flechas, las espadas y las lanzas eran las herramientas principales para la guerra. Un guerrero preferiría, sin duda, lidiar con un enemigo a la distancia con un arco, que enfrentarse en combate cuerpo a cuerpo con una espada o una lanza. El punto es que el arco y la flecha eran instrumentos de guerra preferidos. El guerrero debía tener un número de flechas suficientes en su poder si quería hacer frente al enemigo con cierta medida de éxito, y esas flechas tenían que probarse y estar niveladas: totalmente capaces de funcionar según su diseño.

Este salmo nos da una perspectiva poco común de la medida de confianza que tienen los padres en la guerra espiritual cuando han criado a sus hijos con un propósito eterno. Un hijo que opera según su don y su diseño hace estragos en las potestades de las tinieblas. Este es un beneficio secundario que resulta de formar y criar hijos correctamente. Así como los líderes empresariales sabios saben cómo hacer que su dinero produzca para ellos incluso mientras duermen, ocurre lo mismo con la crianza de los hijos. Nuestra inversión produce un beneficio mucho después de que nuestros hijos estén fuera de nuestra influencia y enfoque directos. Criar hijos correctamente produce dividendos espirituales a toda nuestra genealogía, incluso después de que los hijos ya están criados y tienen su propia familia.

En la traducción de The Passion, el Salmo 127:5 lo dice así:

> ¡Feliz será la pareja que tiene muchos! Una casa llena de hijos no traerá vergüenza sobre tu nombre sino victoria cuando hagas frente a tus enemigos, porque tu descendencia tendrá influencia y honor ¡para prevalecer por ti!

Quizá son necesarias unas palabras de advertencia en este momento: los hijos no son herramientas para usarlas y obtener ganancia personal. En un sentido, ni siquiera son nuestros. Son un préstamo de Dios, y es nuestra responsabilidad administrar correctamente el tesoro de Dios de una forma que sea agradable a Él. Hacerlo bien produce beneficios a largo plazo e influencia en nuestra genealogía durante muchas generaciones.

## NACIDOS EN EL CONFLICTO

Nacimos en una guerra. Cada uno de nosotros. Incluso Adán y Eva recibieron la tarea de "sojuzgar" la tierra (Génesis 1:28), lo cual daba a entender que había desorden fuera del Huerto del Edén en el que vivían. Recibieron la responsabilidad de gestionar y expandir los límites de ese Huerto hasta que toda la tierra reflejara su orden y belleza.

Edén era el lugar de paz y belleza perfectas. Si toda la tierra se hubiera vuelto como el Huerto, entonces Dios habría reconquistado un lugar de caos por medio de quienes fueron creados a su imagen, que operaban en una relación con Él. Viviendo gozosamente bajo la influencia de Dios, ellos eran los que tenían que gobernar. Como tales, tenían su autoridad como sus delegados.

El pecado de Adán y Eva trastornó el plan de paz y orden que Dios había querido para todo el planeta. En lugar de sojuzgar la tierra, ellos mismos fueron sojuzgados por aquel al que obedecieron: la serpiente. Después Jesús, el Hijo eterno de Dios, se hizo hombre para lograr por nosotros lo que no podíamos hacer por nosotros mismos. De ahí que se le llame *el último Adán*. El primer Adán trajo muerte al mundo. El último o postrer Adán, trajo vida:

> Pues si por la transgresión de uno solo reinó la muerte, mucho más reinarán en vida por uno solo, Jesucristo, los que reciben la abundancia de la gracia y del don de la justicia. Romanos 5:17

Él derrotó al pecado, a la tumba y a las potestades de las tinieblas por nosotros. Este es el contexto en el que nacemos todos. Todos nacimos en esta guerra que ya ha sido ganada, y por eso podemos tener confianza en haber sido posicionados para el triunfo. Jesús fue victorioso por nosotros, lo cual hace que nuestra victoria sea posible. Y ahora, aunque seguimos en guerra, luchamos teniendo ya la victoria, y no para conseguirla.

Tomemos nota de la frase "reinarán en vida por uno solo, Jesucristo". Gracias a Jesús, tanto padres como hijos deben reinar en vida. Reinar en vida no es reinar sobre la gente. No se trata del poder del título o la posición. Reinar en vida significa que el dinero no me controla. Yo lo administro para la gloria de Dios. El conflicto no me controla. Yo controlo mi respuesta a los problemas de una forma que representa adecuadamente a Jesús. Reinar en vida es parte de la herencia para todo aquel que lo sigue a Él. ¡Es tiempo de quedar totalmente absorbidos en este mandato!

## NUESTRA LUCHA

El apóstol Pablo describió la vida cristiana normal con estas palabras:

> Porque no tenemos lucha contra sangre y carne, sino contra principados, contra potestades, contra los gobernadores de las tinieblas de este siglo, contra huestes espirituales de maldad en las regiones celestes. Efesios 6:12

Aquí, Pablo habla de las diferentes esferas de influencia demoniaca. El haber nacido en una guerra debería ayudarnos a entender el *porqué* detrás de muchos de los conflictos y dificultades que enfrentamos en la vida. El diablo no pudo detener la obra redentora de Jesús y ahora intenta manchar el efecto de esa obra en cómo vivimos la vida. La guerra se trata de nuestro lugar con Dios Padre y nuestra identidad en Cristo.

Es importante entender esta realidad espiritual de luchar por nuestra identidad en Cristo como la plataforma para la crianza de los hijos. Este es el contexto en el que nacen nuestros hijos. Sé que quizá esto puede sonar bastante espantoso, pero es real. Por otro lado, es el Cristo victorioso quien nos da la razón para tener esperanza más allá de la amenaza intimidatoria de nuestras actuales batallas espirituales. Y la esperanza es lo que impulsa el hogar de cada familia que vive bajo la influencia del Espíritu de Dios.

La mejor noticia sobre la verdadera guerra espiritual es que no está enfocada en el diablo. Sé que parece extraño, pero es cierto. Realmente está enfocada en Jesús, el Hijo de Dios. Nuestras mayores victorias vienen al celebrar su bondad y su presencia. Glorificar a Dios quizá no parezca una guerra para muchos, pero a menudo es una guerra en su forma más pura. Siempre que el enfoque de la oración o la adoración está en luchar contra el diablo, deja de ser oración o adoración.

El salmista escribió: "Levántese Dios, sean esparcidos sus enemigos" (Salmos 68:1). Dios se levanta en la alabanza, y como resultado de ello los enemigos son esparcidos. Y de nuevo: "Exalten a Dios con sus gargantas, y espadas de dos filos en sus manos" (Salmos 149:6). Aquí la victoria se despliega al celebrarlo y honrarlo a Él con alabanza. Nuestra alabanza produce un efecto sobre nuestro entorno, como si estuviéramos empuñando una espada de doble filo. Mi esposa habla sobre esta combinación de temas de manera brillante en su libro *The Happy Intercessor*[1] (El intercesor feliz).

## UN MUCHACHO PASTOR

La historia bíblica de David y Goliat ha llegado a ser tan conocida en la sociedad, que sus nombres a menudo se usan para describir a alguien que logra algo contra todo pronóstico en los deportes, los negocios o la política. Hemos visto una empresa familiar que se levanta contra una gran empresa y gana una victoria decisiva en los tribunales, contra todo pronóstico. Historias parecidas existen en el mundo de los deportes, cuando el que no era favorito en absoluto, derrota a un equipo o individuo que era muy superior según la opinión de todos. También hemos sido testigos del político insólito que parece salir de la nada para derrotar a un oponente en funciones o muy favorecido. Esto sucede mucho para sorpresa de los medios y de los expertos políticos; y en todas estas historias, los titulares dicen algo relacionado con ello: "David vuelve a derrotar a Goliat".

Aunque estos son usos precisos de la historia en gran medida, la narrativa concreta del conflicto de David y Goliat es mucho mayor. En primer lugar, te recuerdo que David era un pastor muy jovencito que se levantó a pesar del historial de Israel de temor a los gigantes.

No hay razón alguna para creer que David fue criado para ser alguien que cambiaría el mundo. Su padre, básicamente, se olvidó de él cuando el profeta Samuel llegó a su casa para escoger a uno de los hijos de Isaí para ser rey. Cualquier otro de sus hijos parecía una opción mucho más lógica que el más joven. Eran más altos, más brillantes, y tenían más favor con su papá. Es muy posible que David fuera un hijo ilegítimo de Isaí. Eso explicaría el mal trato que recibió de su padre y

1. Ver Beni Johnson, *The Happy Intercessor* (Destiny Image, 2009).

sus hermanos. Pero lo que es ilegítimo para algunos a menudo es lo que Dios más valora y escoge. Un hijo nacido extramatrimonialmente es un recordatorio físico de que solo en la economía de Dios puede salir vida del pecado. Como el Gran Redentor que es, Dios es bueno en apreciar lo que la gente rechaza. Al margen de sus comienzos, David se crió contra todo pronóstico y se convirtió en alguien importante mediante el toque soberano de Dios sobre su vida.

Cuando David fue contra Goliat, estaba confrontando la propia historia de Israel. El temor a los gigantes es lo que les impidió entrar, en primer lugar, en la Tierra Prometida. Y ahora un muchacho muestra desprecio por este gigante que amenaza a los ejércitos del Dios vivo. Esta actitud es algo que no se puede fingir. David sintió indignación y repulsión por quien estaba blasfemando el nombre del Señor. Cuando caminamos con Dios como lo hacía David, sentir celo por su nombre es normal y saludable.

## CÓMO EMPEZÓ TODO

La primera generación de israelitas no entró en la Tierra Prometida porque tuvo miedo de los gigantes. Doce espías entraron en la tierra para ver lo que iban a heredar. Diez de ellos regresaron con mucho temor, pensando que de cierto morirían si entraban en guerra con sus habitantes. El miedo a los gigantes mantuvo al pueblo de Dios alejado de lo que Él les había prometido. Los diez espías dieron este reporte:

> Mas los varones que subieron con él, dijeron: *No podremos subir* contra aquel pueblo, porque es más fuerte que nosotros. Y hablaron mal entre los hijos de Israel, de la tierra que habían reconocido, diciendo: La tierra por donde pasamos para reconocerla, es tierra que traga a sus moradores; y *todo el pueblo que vimos en medio de ella son hombres de grande estatura.* También vimos allí gigantes, hijos de Anac, raza de los gigantes, y *éramos nosotros, a nuestro parecer, como langostas;* y así les parecíamos a ellos.
>
> Números 13:31-33, énfasis añadido

Su última afirmación es reveladora: "Y éramos nosotros, a nuestro parecer, como langostas". Esto aporta mucha luz sobre un pueblo que había recibido una promesa extraordinaria de Dios. Ellos vieron el tamaño de su enemigo, y vieron las limitaciones de su propio tamaño y entrenamiento. Lo trágico es que perdieron de vista el tamaño de su Dios y el tamaño de la promesa de Dios. Esto sucede siempre que hacemos que las promesas de Dios se traten de nosotros, en lugar de tratarse de que Dios cumple sus propósitos en la tierra. Él responde a nuestras oraciones y cumple sus promesas por causa de su nombre.

La visión que tanto los israelitas como los diez espías tenían debido a la promesa, fue reemplazada por una visión de los gigantes. Ver cualquier parte de nuestra vida, ya sea pasada, presente o futura sin Dios en el centro, es ver una mentira. Sin embargo, dos de los doce espías estaban emocionados por tener la oportunidad de conquistar a quienes los demás temían. Cuarenta años después, llegó el momento de que Israel lo volviera a intentar para obtener la promesa de Dios. Es interesante que cuando llegó el tiempo de dividir la tierra según las tribus y las familias, Caleb, uno de los dos espías originales fieles, le pidió a Josué que le diera el país montañoso donde vivían los gigantes. La *capital de sus temores* iba a ser su herencia. ¡Él pidió el privilegio de vencerlos! Me encanta esta parte de la historia. Tuvo que esperar cuarenta años para obtener su promesa, debido al temor causado por el mal reporte que habían dado los diez espías. La incredulidad y el temor son contagiosos, pero él no se contagió de esa enfermedad, sino que perseveró y edificó su fe hasta que llegó el momento de recibir su propia herencia. Caleb pidió la fortaleza de los gigantes como su hogar. ¡Brillante!

Soy consciente de que esto no está hablando directamente de la crianza de los hijos, pero en un sentido, sí lo hace. Esto es formar una actitud de Reino. Se trata de un estilo de vida de valentía que honre a Dios. Avivar y vivir con una actitud de valentía es lo que los padres y abuelos debemos hacer. Tenemos que aprender a extraer de cada ejemplo bíblico que podamos encontrar. También debemos negarnos a quedar impresionados por el tamaño de los gigantes que enfrentamos. No son dignos de atención. Dios ya ha ido delante de nosotros y ha preparado el escenario para nuestra victoria mediante las promesas que Él nos ha dado.

Si tu respuesta a la oración se demora, es que está ganando interés; y cuando llegue la respuesta, vendrá con más poder y gloria de los que habría tenido si hubiera llegado en el momento en que oraste por primera vez. Vive con esa confianza en todos los aspectos de la vida, pero asegúrate de hacerlo con el maravilloso privilegio de formar *vencedores de gigantes*. Dios diseñó a nuestros hijos para llevar valentía a toda la tierra. Ellos nacieron para esto.

¿Cómo ves tu capacidad de criar hijos? ¿Eres más consciente de tu ineptitud que de la capacidad de Dios para ayudarte? ¿Eres más consciente del mal que invade la sociedad que de la justicia de Dios en tu propia vida? ¿Tienes la perspectiva de "yo soy una langosta comparado con el gigante que estoy enfrentando"? Si es así, arrepiéntete. Confiesa y olvida la mentira. Dios está presente, y Él tiene una promesa para ti hecha a tu medida. La oportunidad de alcanzar algo significativo está ante ti. No permitas que tu gigante mate el impulso de la fe que Dios ha diseñado para toda tu genealogía. Abraza la actitud de David y Caleb de una victoria segura. Y recuerda esta importante lección: la confianza en uno mismo no es mayor que uno mismo. La confianza en Dios, que se llama *fe*, es del mismo tamaño que Dios.

## UNA PROMESA DE CUARENTA AÑOS

La siguiente generación de israelitas venció el temor a sus enemigos, dando a Dios una oportunidad de demostrar que Él era el autor de la promesa. Uno de los principios del Reino más vitales para nosotros es que *Dios cumple lo que promete*. Israel heredó lo que Dios había dicho que heredaría, aunque fue cuarenta años después de lo que Dios había querido en un principio. La rebelión por nuestra parte cambia el tiempo de Dios.

Israel había progresado mucho con respecto a los gigantes y a entrar en su Tierra Prometida. Después de entrar en la tierra para recibir su herencia, nunca volvemos a oír de los gigantes hasta ahora, con su ejército haciendo frente a Goliat. Hay algo que decir sobre tener que reafirmar nuestra confianza en Dios haciendo frente a nuestros propios gigantes. Si queda algún gigante en nuestra tierra, es para que podamos descubrir lo que Dios nos ha dado. El enemigo siempre intenta hacer que seamos más conscientes de nuestros problemas que de las soluciones que tenemos.

David no solo estaba enfrentando un gigante; enfrentaba lo que Israel había temido desde sus días en el desierto, y estaba mostrando valor con respecto a su pasado, presente y futuro. Estaba confrontando su pasado al perseguir al archienemigo de su identidad como pueblo de Dios. Estaba desafiando su presente al traer venganza sobre el que se burlaba del nombre del Dios vivo, y estaba desafiando el intento de Goliat de volver a esclavizar a Israel, asegurando con ello un futuro más seguro y exitoso. Era un joven pastor quien enfrentaba ese desafío. Nosotros criamos a nuestros hijos sabiendo que a medida que Dios los empodera, ellos son poderosos. Incluso en su juventud. Les enseñamos su identidad y propósito, con su destino en mente.

David agarró cinco piedras, aunque solo necesitaría una para Goliat. La incredulidad no le hizo agarrar demasiadas. David obviamente rebosaba fe y gran confianza. Goliat tenía hermanos. Se cree generalmente que David estaba preparado para terminar la tarea que tenía delante, en caso de que los otros cuatro lo atacaran. Al criar hijos con sentido y significado, es importante formarlos con el compromiso de terminar la tarea.

El destino de naciones estaba en la balanza cuando un joven pastorcito salió contra el gigante que temían los ejércitos de Israel. Como un amigo nos dijo hace muchos años, ¡los hijos no reciben un Espíritu Santo infantil! Él existe solamente en un tamaño: omnipresente y todopoderoso.

## LA FUENTE DE VALENTÍA EXTRAORDINARIA

David tenía un corazón consagrado a Dios que influía en todo lo que hacía. Se le conocía como un adorador, pero ese estilo de vida comenzó mucho antes de ser rey. Aprendió que a Dios le encantaba responderle cuando él ofrecía el sacrificio de agradecimiento y alabanza, y eso sucedía en lo más recóndito del desierto, mientras atendía el rebaño de su padre. Se hizo valiente porque Dios le respondía, y no porque fue criado de ese modo.

Aunque creo que como padres aportamos mucho al nivel de valentía de nuestros hijos, lo fundamental es que nuestra mayor contribución es presentar a nuestros hijos a un Padre celestial que se conmueve por el clamor de sus corazones. Ellos deben ver por sí mismos que Él responde a sus ofrendas de agradecimiento y alabanza. ¡Podemos conmover a Dios! No hay nada más grande que ver que el Dios del universo se conmueve con nuestras oraciones. Esa es la fuente de una valentía extraordinaria; y nuestro desafío a construir eso en nuestros hijos requiere un ejemplo, instrucción y la oportunidad.

David reafirmó el pasado, trajo paz al presente y aseguró un futuro más seguro. Como tengas la valentía de criar a tu hijo para que marque una diferencia, tu hijo tendrá el combustible que necesita para convertirse en alguien valiente. Modela este estilo de vida valiente lo mejor que puedas.

## VENCEDORES DE GIGANTES, ¡ÚNANSE!

No estoy seguro de quién lo dijo primero, pero mi querido amigo James Goll a menudo ha dicho: "Si Dios permite que un Goliat se pare delante de ti, significa que Dios sabe que hay un David dentro de ti".

La historia de David y Goliat es la historia sobre derrotar gigantes que es de conocimiento común tanto dentro como fuera de la iglesia. Sin embargo, había varios gigantes que fueron vencidos en la Biblia, y fueron los seguidores de David los que mataron a todos.

Si queremos que nuestros hijos se conviertan en vencedores de gigantes, debemos enfrentar y destruir a nuestros propios gigantes. Nuestro ejemplo e ímpetu se convertirán en su herencia.

# 2

# CÓMO FORMAR PADRES

Banning Liebscher, líder y fundador del asombroso ministerio Jesus Culture (Cultura de Jesús) que ahora se ha convertido en un movimiento, cuenta la cómica historia de cuando llevó a entrenar a su perro. Este perro era molestoso y una frustración constante para toda la familia de Banning, pero amaban a su perro y querían que siguiera siendo parte de su hogar. Banning esperaba que un entrenador de perros profesional pudiera solucionar sus aparentes problemas. Encontró una entrenadora de prestigio y pagó por adelantado ocho semanas de clases para asistir con otros perros y dueños. Pero Banning lo dejó después de dos semanas. La instructora no trabajó ni una sola vez uno a uno con el perro. Al menos el 95 por ciento del tiempo intentaba trabajar solo con Banning.

Si yo tengo un perro que no me presta atención, que me desobedece repetidamente y que rompe las reglas del sentido común en mi casa, quiero que la entrenadora solucione el problema. Obviamente, ¡el problema es el perro! Sin embargo, esa entrenadora concluyó que Banning era el verdadero problema. Banning no llevó a su perro a la entrenadora para que la entrenadora le predicara a él. Pagó bastante dinero para que su perro se curara de sus problemas. Mirando atrás mi historia con mi propio perro, un perro de caza alemán de pelo corto un tanto loco, estoy bastante seguro de que yo era el problema también. Banning y yo somos probablemente las personas de quienes hablan los entrenadores de perros cuando se juntan para tomar café.

El tema de educar a los hijos realmente empieza con la naturaleza, carácter y condición de los padres. No se necesitan unos padres perfectos para criar hijos correctamente. Tampoco los padres tienen que provenir de trasfondos saludables, sino que se necesita la búsqueda intencional de los valores arraigados en lo que la Biblia llama el *Reino de Dios*. Y para ser muy sincero, muchos que nunca han oído sobre el Reino han tenido éxito en esta tarea a lo largo de los años. Los principios de ese Reino están grabados profundamente en los corazones de las personas para que todos puedan obedecerlos.

Quizá te sorprenda, pero quienes administran estos principios, aunque no sean nacidos de nuevo, tienen un efecto profundo en los hijos que crían. He visto a no creyentes modelar las verdades del Reino con grandes resultados, y he visto a creyentes ignorar esos principios con resultados devastadores en las vidas de sus hijos. La verdad es la verdad, y beneficia a cualquiera que la valora mediante la obediencia y el respeto. Sin embargo, deberíamos notar que cualquiera que tenga una relación personal con Jesús y viva por los principios de su Palabra, siempre debería tener ventaja sobre cualquiera que simplemente valora los conceptos celestiales.

## PERFECTAMENTE IMPERFECTOS

No hay muchas personas que hayan sido criadas por unos padres orientados al Reino. Con *orientados al Reino* me refiero a padres que criaron a sus hijos con los valores del mundo de Dios y que trabajaron para construir algo en sus hijos que solo la fe podía visualizar. La mayoría de los padres simplemente hicieron todo lo que pudieron, que es algo de agradecer. Pero incluso algunos de los mejores padres prestaron poca atención a la idea de que podían formar a sus hijos para tener un impacto eterno. Como Dios es quien hace que sea posible vivir sin imposibilidad, me imagino que también podríamos vivir más allá de lo que es aceptable y normal.

También ha habido padres que fueron malos hasta la médula. Mediante abuso y negligencia, estos padres declararon a sus hijos que tener hijos se interpuso en sus planes egocéntricos para sus vidas. Algunos de los testimonios más destacables de todos son de hijos que fueron criados en ese entorno infernal, solo para convertirse en campeones de la bondad que tienen un propósito eterno. A su vez, ellos educaron a sus hijos en los caminos del Señor como la reivindicación suprema de lo que ellos mismos no tuvieron. Honro a estos héroes de la fe con todo lo que hay en mí. Su historia es la esencia de la belleza y la redención.

Al margen de cuál sea nuestro trasfondo, un Padre perfecto, generoso, bueno y amoroso es quien ahora nos está formando. Todos nosotros, ya sea que tengamos infancias maravillosas u horribles, somos responsables de recalibrar nuestra propia historia caminando con un Padre que es perfecto en todos sus caminos. Y aunque hay muchos que naturalmente proyectan los fallos y debilidades de sus padres terrenales sobre su Padre celestial, no uses ese tipo de razonamiento como excusa. Aprende cómo es Dios, y deja que eso se convierta en una piedra angular de pensamiento a partir de ahora. Es solo por gracia que cualquiera de nosotros podemos representarlo bien a Él.

Aunque yo tuve unos buenos padres, al tener a mis propios hijos fue cuando comencé a aprender sobre mi Padre celestial de una forma que nunca pensé que fuera posible. Sentí cosas por mis hijos que nunca antes había sentido. El hecho de que la justicia prevaleciera en mis primeros años ciertamente me dio un buen comienzo; sin embargo, ver mi propio corazón explotar de amor y afecto por estos tres seres preciosos que Dios me confió para que los cuidara, dio entrada para mí a una luz totalmente nueva.

## MIS PADRES

Los padres piadosos que me formaron creyeron siempre que yo podía conseguir mucho en mi vida, y sin embargo nunca intentaron forzarme o coaccionarme hacia una dirección concreta. Fueron una fuente constante de ánimo, diciéndome que podía lograr cualquier cosa que quisiera. Me alentaron en mis propios intereses y búsquedas.

Los padres que son auténticos, humildes y que verdaderamente tienen hambre de todo lo que Dios tenga preparado para sus vidas se posicionan bien para criar hijos que realmente cambien el mundo. Es la sensación de aventura y misterio lo que se convierte en un ingrediente contagioso. Abrazar nuestra tarea en la vida como un viaje misterioso es un gran inicio para toda una vida de sorpresas y satisfacción personal.

La supervivencia es una meta lamentable para la crianza de los hijos. Se nos ha dado el tesoro del cielo, con la tarea de edificar algo de valor eterno. Como examinamos en la historia de David y Goliat, la valentía es un ingrediente esencial para la vida, especialmente cuando se trata de edificar un hogar.

## EL PROPÓSITO DE LA CRIANZA DE LOS HIJOS

Hay un pasaje en Malaquías que me ha hablado poderosamente durante años sobre las razones para convertirnos en padres piadosos. De hecho, Dios es mucho más específico. La Biblia enseña que en el matrimonio dos personas se hacen una. El matrimonio es un misterio entre un esposo y una esposa, que apunta proféticamente a Jesús y su novia: la iglesia; sin embargo, en lo que a la familia natural respecta, Dios tenía la idea de que dos fueran uno por una razón. El pasaje habla de esto con claridad, y aunque leerlo en varias traducciones ayuda a aclarar el asunto, la Nueva Traducción Viviente es la que más claro me habla:

> ¿No te hizo uno el Señor con tu esposa? En cuerpo y espíritu ustedes son de él. ¿Y qué es lo que él quiere? De esa unión quiere hijos que vivan para Dios. Por eso, guarda tu corazón y permanece fiel a la esposa de tu juventud. «¡Pues yo odio el divorcio! –dice el Señor, Dios de Israel–. Divorciarte de tu esposa es abrumarla de crueldad –dice el Señor de los Ejércitos Celestiales–.

Por eso guarda tu corazón; y no le seas infiel a tu esposa».

Malaquías 2:15-16

Dios no es tímido con respecto a sus intenciones. Él creó el milagro de que dos personas se convirtieran en una, pero su razón para este evento espiritual es que Él desea que haya una descendencia piadosa de esa unión. Pensemos en las implicaciones de esta afirmación. La unidad es el contexto en el que los hijos se convierten en su mejor versión, con la mayor oportunidad de entrar en un significado eterno. Esto no quiere decir que los hijos no puedan crecer con un corazón para Dios incluso en un hogar dividido. Hay evidencia por todas partes con respecto a que la gracia de Dios es más que suficiente para compensar lo que falte en cada hogar; sin embargo, su propósito se mantiene intacto. Cuando dos se convierten en uno, se prepara el escenario para criar hijos que vivan para Dios y empoderarlos para salir al mundo y marcar un impacto piadoso.

Dios desea que su naturaleza se vea en la tierra. Anhela que toda la creación se beneficie de la manifestación de su corazón mediante sus delegados: las personas. Entender esta verdad nos ayuda a cumplir nuestro llamado como representantes de Dios nuestro Padre en la tierra.

## DIOS REVELADO

La naturaleza de Dios se revela con más claridad mediante la historia de redención de Jesús y su sufrimiento en la cruz por nosotros. No hay una historia mayor, ni hay un mensaje más fuerte. Es vital que ilustremos esta realidad llevando nuestra propia cruz, entrando en la vida de resurrección. Tanto la integridad como el poder se convierten en las manifestaciones de nuestras vidas redimidas.

El Padre nos restaura a nuestro propósito y diseño en nuestra salvación, y esto se convierte en algo visible mediante las características de la integridad y el poder. Ambas cosas deben ser las manifestaciones de estar en perfecta armonía con Dios, revelándolo a Él en todo lo que hacemos y somos. Sus redimidos deben redescubrir y disfrutar esa sensación de propósito.

Dios es gloriosamente revelado en el evangelio, pero también es conocido mediante su creación, mediante el arte, las personas y el diseño. La lista es interminable, pero una de las formas más claras en las que debe ser revelado es en el hogar, en cómo vivimos como esposos, esposas e hijos. Cuando Él dice que su propósito en el matrimonio es una descendencia que viva para Dios, está buscando una generación que crezca en nuestros hogares para modelar y reflejar su naturaleza en todo lo que digan y hagan; convertirse en una generación de personas que demuestren su gobierno perfecto sobre todo lo que Él ha creado, modelando "como en el cielo, así también en la tierra".

## EL MATRIMONIO PROFETIZA

Pablo habló del matrimonio en términos muy aleccionadores. Ilustró tanto el diseño como la santidad del hogar mediante la relación de Jesús con su iglesia, lo cual, por supuesto, se refiere a personas nacidas de nuevo, no a instituciones ni edificios:

> Maridos, amad a vuestras mujeres, así como Cristo amó a la iglesia, y se entregó a sí mismo por ella, para santificarla, habiéndola purificado en el lavamiento del agua por la palabra, a fin de presentársela a sí mismo, una iglesia gloriosa, que no tuviese mancha ni arruga ni cosa semejante, sino que fuese santa y sin mancha. Así también los maridos deben amar a sus mujeres como a sus mismos cuerpos. El que ama a su mujer, a sí mismo se ama. Porque nadie aborreció jamás a su propia carne, sino que la sustenta y la cuida, como también Cristo a la iglesia, porque somos miembros de su cuerpo, de su carne y de sus huesos.
>
> Efesios 5:25-30

A los padres que tienen éxito aquí les resultará mucho más fácil criar hijos que estén en contacto con sus propios diseños y propósito para cambiar el mundo. Una vez que los hijos han probado la vida que tienen en un entorno familiar, por lo general no se conformarán con menos.

Incluso aunque se desvíen, se acordarán y regresarán al lugar donde hay vida. A todos nos atrae la vida.

Pablo, de manera intencional, hace una comparación profunda entre Cristo y la iglesia, y el esposo y la esposa. Estos dos últimos ilustran en lo natural la realidad que existe en lo espiritual. De hecho, lo natural se convierte en espiritual, en el sentido de que el hogar se convierte en el lugar de la máxima revelación del amor de Dios por su Esposa a través de la relación de un esposo y su esposa.

Por favor, observemos algunas cosas del pasaje de Efesios 5. Jesús "se entregó" completamente por la iglesia. Este estándar crea la atmósfera de propósito y diseño donde los hijos habían de crecer. Su infancia entonces se convierte en un periodo de exposición a los valores celestiales que se convierten en un plano o huella para las relaciones. Si puedes tener éxito aquí, puedes tener éxito en cualquier lugar.

Notemos también que su palabra sobre ella produce limpieza y refrigerio. Esto es bastante distinto de muchas relaciones en las que la casa es donde las personas son menos cuidadosas con las conversaciones en lugar de ser más cuidadosas. Mis palabras hacia mi esposa son para refrescar, alentar y ayudar a que ella llegue a su destino. El que ama bien a su esposa *se ama bien a sí mismo*. Quizá la debilidad en el área de *amarse a uno mismo* es una de las causas de una vida familiar débil, porque el que es débil en su amor por sí mismo no ha recibido bien el amor abundante de Dios. Amamos bien porque hemos recibido bien el amor. Solo podemos dar lo que hemos recibido.

## EL IDEAL Y LA REALIDAD

Como padres, somos edificadores de familias, individuos y legados. Es vital vivir con una idea de lo que estamos construyendo, para que podamos ser más intencionales. Con eso viene una consciencia inherente del precio que debemos pagar para obtener una recompensa tan grande.

Los ladrillos más ideales son un esposo y su esposa en amor, en unidad. Ese contexto es difícil de superar y, sin embargo, conozco a muchos padres solteros que han hecho un trabajo extraordinario criando a sus hijos. La combinación de la gracia de Dios y su dedicación para compensar lo que faltaba los lanzó a una esfera de éxito a la que muchas parejas nunca han llegado. Se debe destacar que *dos son mejores que uno, si están unidos. Pero dos son menos que uno, si están divididos.*

Algunos padres son solteros por una tragedia. Otros son solteros por pecados cometidos contra ellos. Y después hay algunos que se ven solos debido a sus propias malas decisiones. Al margen de cómo sucedió, por favor has de saber que Dios perdona y sana. Solo Él puede hacer que uno sea igual a dos en eficacia y resultado. Solo Él da ese tipo de gracia.

También debemos reconocer que cualquier padre o madre que esté criando a sus hijos para que sean personas que cambien el mundo, que venzan gigantes, lo hace por la gracia de Dios. Su poder hace que lo imposible sea posible. Él merece toda la gloria.

## SIGUIENDO AL REBAÑO

La Biblia dice varias veces que David, el muchacho pastor, seguía al rebaño de su padre. A los pastores se les conoce por llevar a los rebaños a las aguas, a los pastos y a la protección. Sin embargo, debemos prestar una atención especial al inusual método de liderazgo de David:

> Ahora, pues, dirás así a mi siervo David: Así ha dicho Jehová de los ejércitos: Yo te tomé del redil, *de detrás de las ovejas*, para que fueses príncipe sobre mi pueblo, sobre Israel.
>
> 2 Samuel 7:8, énfasis añadido

No solo merece una mención especial el modo de liderazgo de David; se identificó como la plataforma desde la cual fue lanzado a su posición de rey. *De seguir… a gobernar.*

Todos los principios de crianza de los hijos son principios de liderazgo, a la manera de Dios. Como padres, lideramos. No cabe duda de que el liderazgo requiere que vayamos a lugares y que la gente siga. Pero hay un papel en el liderazgo del que raras veces se habla: la humildad que también está dispuesta a seguir.

Todo buen líder sabe que no lo sabe todo. Ese es un buen lugar para empezar en el desarrollo de la humildad. Tener la consciencia de la necesidad personal crea hambre que nos lleva de la comodidad y la complacencia al sacrificio y el aprendizaje. Pero el conocimiento se convierte en sabiduría cuando sabemos dónde tenemos que ir a aprender. A menudo se puede decir que el aprendizaje que más necesitamos está donde es menos probable que vayamos por nosotros mismos, sin la instrucción de Dios de hacerlo.

## APRENDER DE LOS NIÑOS

Prestamos atención a aquellos a quienes lideramos, y a veces los seguimos. Oímos, sentimos y valoramos su perspectiva sobre las cosas. Pero Jesús llevó este concepto a un nuevo nivel, al intensificar de manera significativa la instrucción para que actuemos con humildad. Él exaltó el papel de los niños a ojos de todos los que lo siguen a Él:

> Y llamando Jesús a un niño, lo puso en medio de ellos, y dijo: De cierto os digo, que si no os volvéis *y os hacéis como niños,* no entraréis en el reino de los cielos. Así que, cualquiera que se humille *como este niño, ése es el mayor* en el reino de los cielos. Y cualquiera que *reciba* en mi nombre *a un niño como este, a mí me recibe.* Y cualquiera que haga tropezar a alguno de estos pequeños que creen en mí, mejor le fuera que se le colgase al cuello una piedra de molino de asno, y que se le hundiese en lo profundo del mar. Mateo 18:2-6, énfasis añadido

> Viéndolo Jesús, se indignó, y les dijo: *Dejad a los niños venir* a mí, y no se lo impidáis; porque de los tales es el reino de Dios. De cierto os digo, que *el que no reciba* el reino de Dios *como un niño, no entrará* en él. Marcos 10:14-15, énfasis añadido

Jesús enseñó a sus discípulos que tenían que *hacerse como niños*. Su capacidad para liderar estaba conectada a su capacidad para seguir. Y aunque obviamente ellos eran seguidores de Jesús, Él dirigió su atención a seguir el liderazgo de los niños. Esto no entra en conflicto con nuestra necesidad de madurar. Es solo que a veces lo que consideramos madurez nos endurece a la realidad del Reino y, prácticamente hablando, es aburrido. La vida es una aventura tal, que el aburrimiento nunca debería ser la descripción de nuestra vida. Cualquiera que esté aburrido deberá examinar cuán cerca está siguiendo a Jesús, porque Él es cualquier cosa menos aburrido.

Los padres que no están dispuestos a aprender de sus hijos se pierden su mayor oportunidad de crecimiento. El orgullo y la arrogancia a menudo funcionan para impedir que experimentemos nuestros momentos de Dios disfrazados. Los padres con problemas de orgullo y arrogancia son, por lo general, los que más probabilidades tienen de crear una atmósfera en la que son el jefe y están a cargo, pero nadie los sigue con alegría.

## TIEMPO PARA DECRECER

A los niños les encanta la aventura, perdonan con facilidad, son resistentes, tienen un apetito insaciable por aprender, valoran las cosas simples, se ríen todo el día, imitan a otros sin inhibirse y son humildes. Estos rasgos los llevan al lugar de honor más alto, pues Jesús dice que son los mayores en su Reino. Esto es realmente asombroso. El Reino de Dios está lleno de extremos en belleza, asombro, excelencia y héroes; y, sin embargo, los mayores en esa fila son los niños. Lo bonito es que cada persona tiene acceso a este tipo de grandeza. Es la grandeza del corazón. Todo el mundo tiene alguna medida del deseo de importancia. No está basado en el mero talento humano o ni siquiera en los dones dados por Dios. Se ve en la persona que es como un niño que sigue disfrutando de la vida. Debemos luchar contra cualquier cosa y todo lo que se esfuerce en robarnos nuestra inocencia a la hora de amar y servir a Dios. Esta es una montaña por la que vale la pena luchar.

Jesús también nos enseñó la importancia de recibir a los niños, que es aceptarlos, valorarlos y celebrarlos. Hay dos frutos o beneficios de recibir a un niño que vale la pena destacar. En primer lugar, en el pasaje de Mateo 18 si recibimos un niño, recibimos a Jesús. Muchas de nuestras canciones y sermones mencionan frecuentemente nuestra necesidad de más de la presencia de Dios en nuestra vida. Quizá *el más de Él* que anhelamos se encuentra en la medida en que recibimos a los niños. Apartar tiempo para los niños es recibirlo a Él. Él se lo toma como algo personal, y se hace manifiesto para nosotros a través de la vida de ese niño al que recibimos.

La segunda vez que Él menciona recibir a los niños, en el pasaje de Marcos 10, lo conecta con nuestra entrada en el Reino. Como el Reino es el ámbito de su dominio, es razonable que en la medida en que recibamos a los niños, en esa misma medida entramos en su gobierno, probando el beneficio de su Reino. Esto es realmente asombroso, ya que el clamor de nuestro corazón es por su mundo. Entramos en él mediante esta puerta inusual llamada "bienvenida y celebración de los niños en nuestra vida".

## CUANDO MI NO, SALIÓ MAL

En una ocasión rentamos un centro cristiano de retiros muy reconocido, con cabañas, un comedor y salas grandes de reuniones para nuestra reunión familiar. Fue un poco surrealista ver a más de 160 personas volando desde todos los lugares del mundo para asistir. Algunos eran misioneros que venían de tierras lejanas solo para reconectar con familiares a los que no veían desde hacía años, o a los que nunca habían visto.

Nos reunimos para adorar, orar y pasarlo bien. Además de las actividades recreativas, había talleres con distintos temas. Incluso teníamos una mesa de discusión para tratar temas específicos pertinentes a nuestra influencia en el entorno del mundo en el que vivíamos. Decir que fue una reunión familiar un tanto distinta es quedarse muy corto.

Recuerdo que en cierto momento el coordinador de la reunión nos anunció que unos 65 de los asistentes eran pastores o misioneros, o descendientes directos. Había también varios abogados, profesores universitarios y personas de varias ocupaciones profesionales. Fue inspirador, y un poco intimidante también. Es maravilloso poder decir que algunas de las personas más honorables del grupo eran los del *estatus más alto* según los logros humanos. Eran los siervos de todos, con los corazones más tiernos, listos para celebrar la más ligera victoria que otros en el grupo compartían. Seguían teniendo un amor ardiente por Jesús. ¡Asombroso!

Hubo incluso baile tradicional, ya que a algunos de mis familiares les gustaba mucho todo eso. A mí no, claro, yo ya no bailo (salvo por Jesús, bailaré delante de Él). No hay nadie que pueda convencerme de algo una vez que mi mente ha decidido sobre ese tipo de cosas; y mi mente durante décadas ya había decidido. Ese es un hecho que toda mi familia puede corroborar. La presión de los iguales no significa nada para mí. Asistí solo para ser sociable. Mientras estaba allí, de pie, viendo una sala llena de personas riéndose y tropezando con sus propios pies, yo gozaba con su disfrute. También me sentía bastante seguro en mi decisión de no bailar.

De la nada, mi hija Leah, que tenía ocho años en ese tiempo, se acercó a mí y me preguntó: "Papi, ¿quieres bailar conmigo?".

No me podía creer lo que salió por mi boca. De algún modo mi *No*, salió mal: "Claro, cielo, bailaré contigo".

Cada pizca de terca decisión fue desmantelada en un momento por una niña de ocho años. No tenía protección alguna contra ese tipo de táctica. Fue doloroso y vergonzoso, hasta que vi su alegría. "Recibí" al niño y entré en su gozo, y tuve un tiempo maravilloso deleitando a una niña que lo es todo para mí. De algún modo, de esto se trata la crianza de los hijos.

## DANDO LA BIENVENIDA A UNA VISITACIÓN DE DIOS

Cuando pensamos en estas afirmaciones que Jesús hizo sobre los niños, el Reino y su presencia, tiene sentido que el lugar más alto de visitación y logro debería ser la familia. Es eso de "dos o tres reunidos en su nombre", permanentemente, lo que atrae su gloriosa presencia (ver Mateo 18:20). Como padres y abuelos, estamos posicionados para recibir el tesoro supremo, llamado *su Reino,* al recibir su tesoro supremo, llamado *niños*. Van juntos en un solo paquete.

Como padres, debemos desarrollar y proteger nuestro corazón de aprendiz, haciéndonos cada vez más como niños. Edificar la vida familiar en torno a este tipo de valores y estilos de vida hace que sea más fácil ver cómo los niños pueden prosperar hasta convertirse en todo lo que Dios quería que fueran.

El punto final de las instrucciones de Jesús sobre valorar a los niños tiene que ver con lo que les ocurre a quienes hacen tropezar a los niños. Esta debe ser una de las afirmaciones más aleccionadoras de la Biblia sobre la crianza de los hijos. Somos administradores de la vida del niño. Él o ella no nos pertenece, sino que es un préstamo. Cómo cuidamos de un hijo revela lo bien que entendemos este concepto de la mayordomía.

Muchos diezman, dan ofrendas e invierten dinero sabiamente, todo porque saben que son administradores del dinero de Dios. Pero trágicamente, estas mismas personas a menudo descuidan o abusan de un hijo por frustración propia o egoísmo, sin darse cuenta de que el mayor tesoro terrenal que recibirán jamás es la vida de ese niño. Y tendremos que dar cuentas de lo que hicimos con esa tarea privilegiada.

Hacer que los niños tropiecen es causar que cometan errores. Pablo habla de esto en Efesios 6:4 cuando dice: "Y vosotros, padres, no provoquéis a ira a vuestros hijos". *Provocar* significa "estimular a alguien a una reacción emocional negativa". La crianza de los hijos insana, a menudo provoca a ira a los hijos. Ser sano por dentro es lo mejor que puedo hacer por mis hijos.

El hogar puede ser un lugar donde descuidadamente los padres provocan e intimidan a los hijos a reacciones no deseables. Sería incorrecto suponer que toda reacción negativa es fallo de los padres, pero a veces sí es el caso. Y a menudo se producen por la necesidad del padre o la madre de sentirse poderoso ante su hijo o hija. Estas cosas no deberían ser así.

Seguir al rebaño, aprender de nuestros hijos y mantenernos en la aventura a lo largo de la vida adulta, ciertamente ayudará en esta tarea privilegiada de ser padre o madre. Los niños aprenden mientras crecen en la vida. Quizá ese es uno de los rasgos necesarios para ser unos buenos padres: la humildad y disposición a aprender mientras caminamos.

# 3

# LOS PADRES COMO MAESTROS

Cuando me convertí en pastor, me tomé muy en serio mis responsabilidades en cuanto a ministrar la Palabra de Dios. Pasaba mucho tiempo en oración y en la Palabra. Descubrí rápidamente que era mejor si no estudiaba para tener un mensaje que predicar. Era mucho más saludable para mí estudiar para así poder aprender. Punto. Y desde mi propia experiencia, intentaba enseñar las Escrituras. Ese enfoque lo cambió todo.

Era esposo, papá y pastor, así que se podía decir que mis dos principales preocupaciones eran la familia y la iglesia. No quería tener éxito pastoreando una iglesia y fallar en liderar a mi familia, así que la familia se convirtió en un enfoque principal en mi estudio de las Escrituras. Busqué cada capítulo, versículo o incluso frase que me ayudara a ser un mejor esposo y padre. Para ser totalmente sincero, no necesitaba tanto estudio para ser un buen esposo. Eso de alguna manera me salía de forma natural, ya que me crié con muy buenos ejemplos de lo que es ser un buen esposo (mi padre y mis abuelos). Y aunque se podría decir que tenía una buena medida de la crianza de los hijos por la misma razón, sin duda necesitaba más sabiduría para ser un buen padre. Quería mucho más para mi función de padre. Para decirlo de manera sencilla, ¡quería formar vencedores de gigantes! Puro y sencillo. Quería criar hijos que influenciaran el curso de la historia. Mi Biblia rápidamente se llenó de marcas, cosas subrayadas y círculos alrededor de versículos que me daban ideas para esta tarea privilegiada.

Una de las primeras cosas que comencé a aprender cuando era un papá joven fue que Dios nos había dado a Beni y a mí la responsabilidad de enseñar y entrenar a nuestros hijos. Mientras más estudiaba la Palabra de Dios, más me convencía de que era mi tarea, y no la tarea de la iglesia o del gobierno. Estas otras instituciones están dotadas para suplementar lo que ocurre en el hogar.

## CULTURA BÍBLICA

Me encanta leer y estudiar el libro de Deuteronomio. En mi opinión, es el libro que modeló la cultura de Israel más que ningún otro. La cultura es ese sistema de creencias, límites relacionales y valores que crea un contexto en el que la familia, la ciudad o el país prospera. En este caso estamos hablando sobre Israel, el pueblo de Dios. Israel es también el precursor de la iglesia. Tanto Israel como la iglesia viven y mueren por la cultura en la que escogen vivir.

En Deuteronomio encontramos una cosa que está muy clara: los padres tienen la responsabilidad de enseñar a sus hijos. No hay duda de que otros también están involucrados en este privilegio, pero los principales responsables son los padres:

> Por tanto, guárdate, y guarda tu alma con diligencia, para que *no te olvides de las cosas que tus ojos han visto,* ni se aparten de tu corazón todos los días de tu vida; antes bien, *las enseñarás a tus hijos, y a los hijos de tus hijos.* El día que estuviste delante de Jehová tu Dios en Horeb, cuando Jehová me dijo: Reúneme el pueblo, para que yo les *haga oír mis palabras,* las cuales aprenderán, para temerme todos los días que vivieren sobre la tierra, *y las enseñarán a sus hijos.* Deuteronomio 4:9-10, énfasis añadido

En primer lugar, observemos que tenían que recordar lo que habían visto. Este era el grupo de personas que habían salido de Egipto con milagros, señales y maravillas. Su vida fue una experiencia sorprendente tras otra, salpicadas por enemigos y desafíos para su fe. Recordar las actividades de Dios entre ellos sería clave para su victoria, ya que Él es más que una filosofía o un concepto. Él es Dios, el Dios siempre presente.

Israel también tenía que estar firme y escuchar la Palabra de Dios. Oír lo que Dios exige y espera del pueblo les haría temerlo a Él. Este es el tipo de temor que no aleja a la gente de Dios, más bien atrae a la gente a Él. Y si escuchaban y obtenían el temor de Dios, estarían en una buena posición para enseñar lo mismo a sus hijos. Frecuentemente, a lo largo de las Escrituras vemos a Dios haciendo posible que una generación obtuviera algo y también lo impartiera a la siguiente para que nunca hubiera un declive en la intención y propósito del pueblo de Dios en la tierra. Él solo va de gloria en gloria y nos ha situado a nosotros para hacer lo mismo.

Observemos el contexto para enseñar a nuestros hijos qué revela este siguiente pasaje:

> *Y las repetirás a tus hijos*, y hablarás de ellas estando en tu casa, y andando por el camino, y al acostarte, y cuando te levantes. Y las atarás como una señal en tu mano, y estarán como frontales entre tus ojos; y las escribirás en los postes de tu casa, y en tus puertas.
>
> Deuteronomio 6:7-9, énfasis añadido

Enseñas a tus hijos *estando, andando, al acostarte y cuando te levantes*. En otras palabras, el tiempo de enseñar es cuando estamos experimentando la vida juntos. En lugar de solamente crear tiempos de enseñanza específicos, haz que la vida misma sea una lección. Una advertencia: la instrucción tipo predicación queda desfasada rápidamente. Pero cuando abrazamos la aventura llamada vida y la descubrimos juntos, cada ocasión es la ocasión perfecta para aprender conceptos y habilidades.

En nuestro servicio de Domingo de Resurrección organizamos desayunos para nuestros miembros en distintas casas en nuestra iglesia.

Brian tenía unos cuatro años en ese entonces, y solo estaba interesado en comerse un rollo de canela. Yo quería que se comiera primero unos huevos. Él no quiso. Recordé en ese momento que Jesús soportó la cruz "por el gozo puesto delante de él" (Hebreos 12:2). Así que puse el rollo de canela delante de él para motivarlo a comerse los huevos. Él lo miró fijamente, y finalmente se terminó los huevos. Le recompensé con el maravilloso rollito. Esta es la vida en el Reino. Todo importa.

Es muy liberador darse cuenta de que la vida misma es el salón de clase, y que cada día es escuela. Vivir consciente de las oportunidades y el propósito hace que el viaje sea compartido y que los padres y los hijos lo disfruten. Eso significa que tenemos la privilegiada responsabilidad de vivir intencionalmente. Al margen de las circunstancias, vivimos la vida con nuestros hijos en mente.

Recuerdo llegar a casa de la oficina un día y encontrarme a Beni en la puerta diciéndome que yo tenía que ir a ver lo que Eric había hecho. Me llevó al cuarto extra. Eric, que por ese entonces tenía unos cinco años, había pintado toda una pared con crayones. Parece que Beni le había dicho que me lo tenía que contar cuando yo llegara a casa. Él me miró como si estuviera en problemas. Había llenado un espacio de unos tres metros de la pared de dibujos de un paisaje urbano, que incluía muchas estructuras y rascacielos muy altos. Incluso puso ventanas a los edificios.

Yo estaba impresionado. Miré a la pared, y después lo miré a él y dije: "Has hecho un buen trabajo, hijo. Realmente estoy impresionado de cómo has dibujado esos edificios. Mira esas ventanas. Buen trabajo". Después le dije que la próxima vez que quisiera dibujar, debía pedir papel. Sería mucho mejor así, pues no sería tan difícil de limpiar.

Fue muy divertido que en el espacio de una semana aproximadamente, teníamos invitados para cenar. Durante la cena, interrumpí nuestro tiempo juntos y dije: "Tengo que enseñarles algo. Vengan a ver". Entonces les enseñé lo que Eric había hecho. Esta vez Eric estaba ahí, con su cabeza bien alta mientras yo destacaba los detalles de su obra de arte. No sé si nuestros amigos se impresionaron, pero no era para ellos sino para mi hijo.

Cuando nos alejamos de "predicar a nuestros hijos", es más probable que ellos hagan preguntas sobre la vida misma:

> Mañana *cuando te preguntare tu hijo,* diciendo: *¿Qué significan los testimonios y estatutos y decretos* que Jehová nuestro Dios os mandó? *entonces dirás a tu hijo*: Nosotros éramos siervos de Faraón en Egipto, y Jehová nos sacó de Egipto con mano poderosa. Jehová hizo señales y milagros grandes y terribles en Egipto, sobre Faraón y sobre toda su casa, delante de nuestros ojos; y nos sacó de allá, para traernos y darnos la tierra que juró a nuestros padres. Deuteronomio 6:20-23, énfasis añadido

Nuestros hijos prefieren tener diálogos con nosotros que tener que escuchar monólogos. El diálogo es una conversación de dos vías que incluye dar y recibir, y algunas veces aprender juntos también.

Es interesante que Israel pudo crear una cultura donde los hijos tenían curiosidad sobre Dios y de forma natural hacían preguntas sobre las maravillas que Él había hecho, los estatutos o reglas que les había dado para vivir, y los juicios que había realizado. Dios era su Señor y Rey, y era por elección propia una parte principal de su conversación.

Tenían que enseñar principios y contar historias en el contexto de la vida familiar:

> Él estableció testimonio en Jacob, y puso ley en Israel, la cual mandó a nuestros padres que la *notificasen a sus hijos*; para que lo sepa la generación venidera, y los hijos que nacerán; y los que se levantarán *lo cuenten a sus hijos, a fin de que pongan en Dios su confianza*, y no se olviden de las obras de Dios; que guarden sus mandamientos, y no sean como sus padres, generación contumaz y rebelde; generación que no dispuso su corazón, ni fue fiel para con Dios su espíritu. Salmos 78:5-8, énfasis añadido

Debemos compartir nuestra historia personal de Dios para que los miembros de nuestra familia tengan un buen conocimiento de la naturaleza y el corazón de Dios hacia todos nosotros. Fue este proceso lo que preparó el escenario para que los hijos tuvieran una confianza natural en Dios. ¡Esto es asombroso! Si este proceso se hace bien, los niños instintivamente confían en Dios antes que en ninguna otra cosa en la vida, y tienen una resistencia natural a la terquedad de corazón por la que fueron conocidos muchos otros en generaciones previas. Este es el resultado para todos los que seguimos el deseo de Jesús. No hay mayor gozo en la vida: "No tengo yo mayor gozo que este, el oír que mis hijos andan en la verdad" (3 Juan 1:4). Este pasaje, por supuesto, tiene que ver con los hijos espirituales. ¡Cuánto más gozo habrá para nosotros cuando estos niños son nuestros hijos tanto naturales como espirituales!

## LOS TESTIMONIOS PROFETIZAN

Compartir testimonios es vital para crear conciencia del *Dios que está con nosotros*, y el *Dios que está por nosotros*. Cualquier familia que haga de esto su enfoque principal experimentará grandes dividendos. Por naturaleza, estas historias llevan en sí la revelación del corazón y la naturaleza de Dios, los cuales nunca cambian. Eso significa que cuando oímos una historia de lo que Dios ha hecho por alguien, estamos oyendo una historia de lo que Él haría por nosotros. Recuerda que Él no hace acepción de personas, y es el mismo ayer, hoy y por siempre (ver Hechos 10:34; Romanos 2:11; Hebreos 13:8). El gran predicador británico Charles Spurgeon habló sobre este tema en su mensaje "The Story of God's Mighty Acts" (La historia de los poderosos hechos de Dios), (énfasis añadido):

> Cuando las personas oyen sobre lo que Dios solía hacer, una de las cosas que dicen es: "Ah, eso fue hace mucho, mucho tiempo atrás"... Yo pensaba que fue Dios quien lo hizo. ¿Acaso ha cambiado Dios? ¿No es Él un Dios inmutable, el mismo ayer, hoy y por los siglos? ¿No refuerza eso el argumento para demostrar que lo que Dios ha hecho en una ocasión puede hacerlo en otra?

> No, creo que puedo llevarlo un poco más allá, y decir que *lo que hizo en una ocasión es una profecía de lo que quiere volver a hacer...* Cualquier cosa que Dios ha hecho... ha de verse como un precedente... Busquemos con sinceridad que Dios nos restaure la fe de los hombres de antaño, para que podamos disfrutar en abundancia de su gracia como en los días de antaño.[2]

¡Él lo entendió bien! Este es el enfoque de las Escrituras, y es la razón por la que a Israel se le ordenó guardar el testimonio. Los testimonios eran las historias que debían convertirse en los lentes mediante los cuales podían ver su desafío presente.

Nuestro Dios es el Dios de lo imposible, y nos ha hecho ser un pueblo de lo imposible. Los testimonios desempeñan un papel a la hora de prepararnos para nuestras tareas de la vida de *vencer gigantes* y moldear el curso de la historia del mundo.

Los testimonios son pilares fundamentales de la consciencia de Dios que está con nosotros. Imparten una convicción con respecto a su naturaleza que se debe mostrar al mundo en nosotros y a través de nosotros. Es muy común que problemas, historias de tragedias e incluso chismes sobre asuntos o fracasos de otras personas se compartan en nuestras mesas a la hora de comer. ¿Y si fuéramos más intencionales a la hora de dar un testimonio de algo que solo Dios puede hacer y recibir el mérito de ello? Lo cambia todo para nosotros: lo que pensamos de Dios, de nosotros mismos y de nuestro propósito en la vida.

Asegúrate de incluir para tus hijos historias de amigos y/o líderes que tengan credibilidad. Estas historias se convertirán en grandes tesoros del corazón. Beni y yo invitamos hace poco a nuestros tres nietos mayores a casa para comer. Había tenido en mi corazón durante bastante tiempo contarles los detalles de mi caminar con Dios. Le dimos a cada uno un billete de cincuenta dólares, como un símbolo profético

2. Charles H. Spurgeon, "The Story of God's Mighty Acts", predicado en el Music Hall, Royal Surrey Gardens, encontrado en *The New Park Street Pulpit containing Sermons Preached and Revised by the Rev. C. H. Spurgeon, Minister of the Chapel, During the Year 1859: Volumen V* (London, England: Passmore, Allabaster, & Sons, 1894), pp. 309-10.

del año del jubileo. El jubileo era un evento muy especial en Israel que se producía cada cincuenta años. Durante ese año, todas las deudas se perdonaban y los esclavos eran liberados, así como los prisioneros. Jesús usó el concepto para ilustrar lo que es cada año para el creyente, llamándolo el "año favorable del Señor". Pedí a mis nietos que no se gastaran su billete durante al menos un año. Quería que lo tuvieran visible, para que les recordara la libertad que solo Jesús puede dar.

Las historias que compartí con ellos quizá no se oigan en un mensaje, pero mis descendientes deben saberlas. Les hablé del momento en que rendí todo a Jesús, describiendo mi hambre de Él lo mejor que pude. Era muy importante para mí que entendieran el precio que pagué por conocerlo más a Él. No fue espantoso, pero fue sincero y desafiante. También describí los encuentros más importantes que he tenido con el Señor y lo que me ocurrió como resultado. Después les impuse mis manos y oré para que Dios los marcara para sus propósitos, y declaré sobre ellos una gran bendición. Esta es una dirección que planeo seguir con todos mis nietos.

## RECOMPENSAS

También desafié a mis nietos a leer mi libro *Defining Moments: God-Encounters with Ordinary People Who Changed the World* (Momentos decisivos: Encuentros de Dios con personas comunes que cambiaron el mundo), (Whitaker House, 2016). Contiene las historias de trece personas comunes y corrientes en la historia de la iglesia que tuvieron encuentros inusuales con Dios, de ahí el título *Momentos decisivos*. Tras su encuentro, se convirtieron en personas que cambiaron el mundo. Cuando uno de mis nietos termina el libro, nos vemos durante unos noventa minutos para hablar de lo que ha leído. No les doy un examen de aprobado o suspenso, sino que es un diálogo. Hablamos sobre cada persona, y después con más detalle sobre la historia que más destaca para ese niño y por qué. Al terminar la tarde, le doy 500 dólares a mi nieto por haber leído el libro.

No quiero sugerir que siempre tengamos que pagar a nuestros hijos por hacer cosas, o que tú como padre o abuelo debas seguir mi ejemplo. Lo que hago ahora probablemente habría sido completamente irrazonable para mí como padre hace treinta años atrás. La economía para nosotros estaba mucho más apretada en ese entonces. También es obvio que no todo el que quiera seguir mi ejemplo tendrá que pagar la misma cantidad de dinero. Yo escogí una cantidad que representara bien mi corazón y mi cartera. Tú puedes hacer lo mismo. Solo quería que supieras lo que hago, ahora que puedo, y cómo enfoco el representar a nuestro Padre Celestial, que es "*galardonador* de los que le buscan" (Hebreos 11:6, énfasis añadido).

Las recompensas son una parte esencial de nuestra vida, y depende de nosotros como padres querer darlas. Pero no sería correcto ni saludable sugerir que todas las recompensas sean dinero o comida. Estas cosas pueden servir como recompensa, pero significan poco si no expresan de modo preciso un sentido de honor de nuestra parte por hacer lo correcto. Palabras de afirmación, oportunidades y privilegios extra pueden convertirse todos ellos en parte de un sistema de recompensas que nos ayudan a construir un sistema de valores correcto en nuestros hogares. Debemos prestar atención a lo que es correcto y celebrarlo bien. Las recompensas nos ayudan también a crear una moneda emocional con nuestros hijos para corregirlos cuando sea necesario. Nuestra hija Leah necesitó muy poca corrección durante su infancia. La razón era que le afectaba mucho su deseo de no decepcionarnos como su papá y su mamá. Para ella, esto demostraba un respeto muy saludable y era un acto de honor que no se le exigía. Estaba dentro de ella desde muy temprano en la vida.

## RESPONSABILIDAD GENERACIONAL

Una de mis citas favoritas de todos los tiempos es de uno de los Padres Fundadores de los Estados Unidos: John Adams. Él fue el primer vicepresidente de la nación, que sirvió junto a George Washington y llegó a ser el segundo presidente de los Estados Unidos. Adams era un hombre brillante que tenía un entendimiento profundo del proceso político y la naturaleza progresiva de la sociedad. Su cita me llega muy adentro:

> Debo estudiar política y guerra para que mis hijos tengan la libertad de estudiar matemáticas y filosofía. Mis hijos debieran estudiar matemáticas y filosofía, geografía, historia natural, arquitectura naval, navegación, comercio y agricultura, a fin de darles a sus hijos el derecho de estudiar pintura, poesía, música, arquitectura, colección de estatuas, tapicería y porcelana.[3]

Creo que la razón por la que esta afirmación me llega tan adentro es porque contiene sabiduría sobre que la prioridad de una generación es hacer espacio para que la siguiente generación tenga una mayor libertad. El corazón de Dios para nosotros es que vivamos para una generación a la que nunca veremos. Para mí, esta cita contiene la perspectiva conceptual necesaria para cumplir esta tarea. La única advertencia que tengo con respecto a este entendimiento es que las generaciones siguientes tienen que llegar a ser conscientes del precio pagado por su libertad. Pero incluso eso no es una píldora mágica. Debe producir agradecimiento en ellos, o se creerán que tienen derechos y después usarán su libertad como una licencia para cometer excesos en todas las cosas.

Es la responsabilidad de una generación preparar el escenario para el aumento y la bendición de la siguiente; pero la bendición no puede ser solo material, debe ser una bendición de carácter, sabiduría y agradecimiento. Tenemos la responsabilidad de entrenar a nuestros hijos más allá del conocimiento, hasta llegar al carácter. Con esa idea en mente, cuando Eric cumplió dieciocho años le escribí una carta que enumeraba las "10 cosas que quería que mis hijos supieran" antes de que se fueran de casa. La carta representaba mi compromiso hacia Brian y Leah también, por supuesto, y personificaba mis metas para

---

3. Founders Online, "John Adams to Abigail Adams, 12 May 1780", *National Archives*, https://founders.archives.gov/documents/Adams/04-03-02-0258#AFC03d260n4 (ortografía actualizada).

una *crianza intencional*. Incluyo la carta para ti como el apéndice 1 en la parte final de este libro.

## ENTRENAMIENTO EN CASA

La instrucción de Deuteronomio sobre que los padres enseñen a sus hijos se convirtió en algo tan fuerte para nuestra familia eclesial de Weaverville, que comenzamos a trabajar en formar padres para que deliberadamente formaran a sus hijos en sus hogares. De hecho, finalmente creamos la escuela dominical en el hogar. Cada padre era el maestro de la clase. Por supuesto, a los niños se les animaba a llevar también a sus amigos del vecindario a casa para esta actividad.

Inicialmente pedimos un manual del maestro para cada casa. Al final hicimos nuestro propio temario para que un padre de una persona de dieciséis años y otra con un hijo de cinco años no tuviera dos lecciones separadas. Lo organizamos para que el tema fuera el mismo para ambos, pero el proyecto asociado con la lección y la aplicación estaban adecuados a la edad de cada uno. Yo tenía un equipo de personas que me ayudaron a crear el material que distribuimos a cada casa.

El punto es que éramos intencionales y teníamos un propósito, con la meta de enseñar el evangelio, valores, relaciones y habilidades para la vida. Y aunque esto puede verse diferente al enfoque de "mientras vivimos" que mencioné antes, ambos son valiosos, con frutos propios únicos (para los que estén interesados en profundizar más en este concepto, he provisto una "Guía para padres para la escuela dominical en casa" como apéndice 2).

## NUESTROS VALORES

Las siguientes son lo que yo llamo las cuatro piedras angulares del pensamiento. Establecen los parámetros para nuestros pensamientos, valores, creencias y acciones. Estas son las cosas que moldean nuestra cultura cuando se ponen en práctica. Hablo de ellas con más profundidad en mi libro *The Way of Life* (Destiny Image, 2018), pero aquí incluiré como el apéndice 3 una declaración maravillosa que creó nuestro ministerio de niños acerca de mi enseñanza sobre este tema. La usamos tanto para adultos como para niños. Los jóvenes que asisten a la Escuela Cristiana Bethel también la reciben. Adoptar estos valores tendrá un gran efecto sobre el hogar, y a través de nosotros estos valores afectarán al mundo que nos rodea.

## DIOS ES BUENO

La bondad de Dios no se puede exagerar. Se puede diluir, torcer y redefinir, pero es imposible que exageremos este rasgo suyo. Como Él es mejor de lo que pensamos, debemos cambiar nuestra forma de pensar. Su bondad nos permite *soñar en grande* y nos inspira a hacerlo.

## NADA ES IMPOSIBLE

Todo lo que Dios hizo tiene límites, pero Él no. Al querer que compartamos esta realidad insondable, Él dijo: "Nada es imposible para el que cree". Gracias a esta realidad, y al privilegio que tenemos al colaborar con Él, debemos *correr riesgos* para ver lo que Él podría hacer.

## TODO QUEDÓ RESUELTO EN LA CRUZ

No hay nada que Jesús dejara sin hacer cuando murió en nuestro lugar en la cruz. Su sangre pagó por todo. Cada problema, durante toda la eternidad, fue resuelto en el Calvario. Como sirvo a Aquel que pensó en todo, debo *confiar en Él* cuando las cosas sean distintas de lo que yo esperaba o creía.

## SOY IMPORTANTE

Cada persona es importante. No hay "desechables". Debo amar a mi prójimo como a mí mismo, así que debe ser importante que nos amemos a nosotros mismos, reconociendo nuestra importancia personal ante los ojos de Dios. Si las personas supieran quiénes están destinadas a ser por el Señor, nadie querría ser otra persona. Esta realidad debe inspirarnos a *servir bien*, porque en el Reino de Dios la grandeza se ve al servir bien.

## LOS NIÑOS ESCUCHAN

Hace unos momentos, Beni y yo regresamos a casa después de recibir oración de un grupo de unos veinte niños de diez años. Nos dijeron lo que sentían que Dios les estaba diciendo. Fue hermoso y de mucho ánimo. Si queremos entrenar a nuestros hijos para oír de Dios y representarlo a Él, debemos darles la ocasión de practicar lo que han aprendido. Esto es esencial mientras aprenden a buscar de Dios la dirección que tomarán en la vida. También te sorprenderá lo mucho que esto añadirá a tu fe, dando la claridad del corazón de Dios al tuyo.

Esta práctica de oír a Dios y hablar es importante que lo hagan los niños mientras aprenden a amar y servirse unos a otros. De hecho, una de las partes más importantes de nuestra conferencia de liderazgo es el ministerio profético sobre cada participante. Hace varios años atrás, comenzamos a añadir un niño a cada equipo, y a menudo es el niño de ocho años el que comunica la palabra más profunda a un líder ya maduro.

Comienza temprano a crear para tus hijos un entorno en el que esperen oír del Señor. Todos pueden oír de Dios. No hagas de ello algo místico, raro, extraño o inalcanzable. Haz que sea algo común, y hazlo sencillo. Deja que tus hijos tomen decisiones. Hazles que oren por algo. Crea en ellos el apetito por oír al Señor hablando con ellos sobre cómo funciona eso en tu vida. Por ejemplo, saca en una conversación: "Tuve hoy esta impresión, y eso es lo que ocurrió".

Cuando hablas sobre un milagro que se produce porque tuviste una impresión a la que prestaste atención, no solo enseña a tus hijos sobre cómo habla Dios; también crea un apetito de que Dios hable. Inculca en ellos la expectativa de oír de Dios, y enséñales tus propias habilidades personales. Después pregúntales: "¿Qué crees que Dios estaría diciendo en esta situación?". No preguntes: "¿Qué te dijo Dios?" hasta que tengan una historia. Tan solo pregúntales qué creen, cuál es su opinión. Recibe eso y sopésalo, lo cual es una manera estupenda de desarrollar la habilidad de la escucha en ellos.

Si creemos que Dios puede usar a los niños, debemos hacer espacio para que se involucren en nuestros esfuerzos por amar y ministrar a las personas. Aprender a empoderar a los niños, dentro de nuestra guía, es vital para que se conviertan en todo lo que Dios diseñó que fueran: vencedores de gigantes que moldean el curso de la historia del mundo.

# 4

# LIDERAR Y SERVIR EN EL HOGAR

El gobierno puede parecer un tema que no encaja en modo alguno en un libro sobre la crianza de los hijos, pero me gustaría sugerir que no es así. Al menos no lo es cuando consideramos qué es el gobierno. Es la responsabilidad dada por Dios de gestionar algo. El gobierno es una institución humana creada por Dios, para representar a Dios. Nunca se trata de la persona a cargo.

Los padres son representantes gubernamentales de Dios, pues *la familia* es la primera institución que Dios creó. Como Padre, Dios modeló la familia y su inclinación natural hacia la unidad conforme a Él mismo: *Padre, Hijo y Espíritu Santo*. Dios es el modelo perfecto de armonía y unidad. Cuando Adán y Eva fueron creados, representaban a la Deidad en miniatura mediante su relación, unidad y responsabilidades. Eran familia. Tenían propósito.

Siempre que una persona tiene la responsabilidad de gobernar, él o ella tiene la obligación de descubrir cómo debe expresar esa autoridad. Dios entiende tanto la necesidad de liderazgo como el beneficio que produce el liderazgo apropiado a los que están siendo dirigidos. También entiende las tragedias que tienen lugar bajo un liderazgo impío. Los reyes del Antiguo Testamento aportan ejemplos suficientes de cómo llevar a cabo un gobierno incorrecto para toda una vida.

Todas las instituciones necesitan gobierno. Realmente no importa si esa posición gubernamental es el presidente de una nación, el director general de una empresa, el pastor de una iglesia o los padres en casa; todos estos papeles son esenciales para el éxito y avance de las instituciones que lideran. Y todo gobierno sirve a dos propósitos básicos: *proteger y empoderar.* La mejor manera de lograr estos propósitos es mediante personas que saben cuándo y cómo gobernar, y cuándo y cómo servir.

## LOS SIERVOS GOBIERNAN, LOS GOBERNADORES SIRVEN

Muchos cristianos son conscientes de la enseñanza de Jesús sobre convertirse en el último y servir bien. Al mismo tiempo, muchos tienden a ser ignorantes del hecho de que también tenemos la responsabilidad de gobernar. Un ejemplo es cuando el apóstol Pablo dio instrucciones para los ancianos. Dijo: "Los ancianos que *gobiernan bien,* sean tenidos por dignos de doble honor, mayormente los que trabajan en predicar y enseñar" (1 Timoteo 5:17; énfasis añadido). Todo el tema de la sabiduría en Proverbios tiene sus raíces en este concepto. La palabra *proverbio* viene de una palabra que significa "reinar". El punto es que la sabiduría nos permite gobernar sobre los asuntos de la vida de una forma que represente al Rey y su Reino.

Algunos fallan a la hora de gobernar porque no quieren tomar decisiones difíciles. Evitar la responsabilidad a veces se presenta bajo el disfraz de ser un siervo. Servimos mejor cuando entendemos la autoridad que cargamos. Debemos gobernar con el corazón de un siervo, y servir con el corazón de un rey. *Gobernar con el corazón de un siervo* significa liderar con humildad, asegurándonos de usar nuestra autoridad para el beneficio de otros. *Servir con el corazón de un rey* es servir con confianza, sabiendo que debemos apoyarnos en los recursos ilimitados del Rey al que servimos. De nuevo, es una expresión de humildad, con un temple de confianza, lo que nos capacita para acudir a los recursos de Dios cuando los necesitamos para servir con eficacia. Si no vemos nuestra necesidad de acudir a los recursos ilimitados de Dios, tanto en el ámbito natural como en el espiritual, no hemos visto la tarea que tenemos por delante. Al ver mi responsabilidad, me entra tal hambre de avance que lo busco a Él sin ninguna otra opción en mente.

Quizá otra razón por la que los creyentes se resisten a la idea de gobernar es que hemos visto muchos ejemplos de personas haciéndolo con autopromoción e intereses egoístas en mente. Ellos usan su posición para su propia causa, no para beneficiar a los que les rodean. El mal uso de la autoridad y la responsabilidad complica el asunto, ya que Dios quería gobernantes que gobernaran, como evidencian tanto el Antiguo como el Nuevo Testamento. La premisa básica de la autoridad es que se nos ha dado una herramienta para usarla por causa de otros a la hora de representar la naturaleza y el corazón de Dios. Esto a menudo significa que hablamos en nombre de los que tienen poca o ninguna voz. Esa es una de las formas más puras de nuestro uso de autoridad en su nombre.

Raras veces los que son liderados pueden devolver los servicios recibidos. Todos menospreciamos el concepto de líderes gubernamentales que reciben sobornos económicos por debajo de la mesa de empresarios u otros líderes, porque usaron su autoridad para favorecerlos injustamente. Y, sin embargo, es común que los adultos usen mal su autoridad en el hogar para sentirse poderosos.

El mal uso de la autoridad para gobernar ha provocado que muchos rechacen el concepto de gobernar. Pero esto es meramente una reacción a un error, no una respuesta a lo que Dios dice en su Palabra. En lugar de evitar la responsabilidad o abusar de nuestra autoridad, aprendamos a usar correctamente la autoridad y a representarlo bien a Él. Cuando Él queda bien representado, se manifiesta con más claridad.

Jesús fue el máximo ejemplo de servir y gobernar. Él lavó los pies de los discípulos en servicio, pero también ejerció autoridad sobre los demonios y las enfermedades. Dio instrucciones y mandatos sobre cómo deberían vivir la vida las personas. Desafió a las multitudes con corrección y sabiduría. Su liderazgo fue perfecto en cuanto a que gobernó y también sirvió. Saber cuándo y cómo es clave. Esto es especialmente cierto para los padres. La manera como lidiamos con esta responsabilidad, ilustra a nuestros hijos la aventura que tenemos con Dios.

## QUE HUBIERA REYES, FUE IDEA DE DIOS

Israel pidió tener un rey como tenían las naciones que les rodeaban. Esta fue una época trágica en la historia de Israel, ya que estaban rechazando el liderazgo de Dios y su participación directa en sus asuntos cotidianos. Dios les avisó sobre las consecuencias:

> Y refirió Samuel todas las palabras de Jehová al pueblo que le había pedido rey. Dijo, pues: Así hará el rey que reinará sobre vosotros: tomará vuestros hijos, y los pondrá en sus carros y en su gente de a caballo, para que corran delante de su carro; y nombrará para sí jefes de miles y jefes de cincuentenas; los pondrá asimismo a que aren sus campos y sieguen sus mieses, y a que hagan sus armas de guerra y los pertrechos de sus carros. Tomará también a vuestras hijas para que sean perfumadoras, cocineras y amasadoras. Asimismo, tomará lo mejor de vuestras tierras, de vuestras viñas y de vuestros olivares, y los dará a sus siervos. Diezmará vuestro grano y vuestras viñas, para dar a sus oficiales y a sus siervos. Tomará vuestros siervos y vuestras siervas, vuestros mejores jóvenes, y vuestros asnos, y con ellos hará sus obras. Diezmará también vuestros rebaños, y seréis sus siervos. Y clamaréis aquel día a causa de vuestro rey que os habréis elegido, mas Jehová no os responderá en aquel día. Pero el pueblo no quiso oír la voz de Samuel, y dijo: No, sino que habrá rey sobre nosotros; *y nosotros seremos también como todas las naciones, y nuestro rey* nos gobernará, y saldrá delante de nosotros, *y hará nuestras guerras.*
>
> 1 Samuel 8:10-20, énfasis añadido

Dios conocía los corazones de los hombres y sabía que los reyes usarían el poder para servirse a sí mismos. Sin la influencia de Dios en el corazón humano, los poderes tienden a ser una herramienta para la autopromoción, el placer personal, la comodidad y más riqueza. Los líderes que usan el poder de esta forma expanden su reino personal a expensas de otros. Aquí está la perdición de los gobiernos de todo el mundo: el gobierno aumenta, mientras que la importancia de los individuos decrece. Esto no es el gobierno bíblico.

Veamos el razonamiento de Israel para querer un rey. Querían ser como las demás naciones. También querían un líder que se hiciera cargo de su responsabilidad personal como ciudadanos y peleara sus batallas por ellos. Siempre que entregamos la responsabilidad personal, a la larga nos pasará factura. Ciertamente sucedió así para Israel.

Nuestros hogares no son diferentes. Si no entendemos las responsabilidades dadas por Dios para nuestra propia casa, seguiremos entregando nuestro papel a instituciones y gobiernos de formas que Dios nunca quiso. En años recientes, cada vez se ha dado más autoridad en el hogar a los gobiernos, e incluso a corporaciones. Y estamos pagando por ello de formas significativas, a medida que la familia está siendo redefinida para ser algo muy distinto al diseño y a la intención original de Dios. Da miedo que la actual definición gubernamental de la familia es cada vez menos similar a la creación del Creador.

Cuando Dios habló a Abram sobre su futuro, dijo que saldrían reyes de su descendencia: "Y te multiplicaré en gran manera, y haré naciones de ti, y reyes saldrán de ti" (Génesis 17:6). Aquí Dios dice que quería que hubiera reyes, pero quería que los reyes se levantaran en su tiempo, con su corazón. David fue uno de esos reyes. A él se le podía entregar confiadamente el poder porque perseguía el corazón y el propósito de Dios.

Nuestro éxito en el hogar está conectado con nuestro compromiso a reflejar lo que David perseguía. Somos reyes en nuestros hogares, y como tales, tenemos la responsabilidad de perseguir el corazón de Dios, lo cual nos asegura que no usemos la posición para nuestro propio bien y propósitos. Pero la tarea no termina aquí, ya que también tenemos el privilegiado reto, como padres, de criar realeza.

Históricamente, a menudo cuando la idea de criar realeza viene a nuestra mente, lo que imaginamos son hijos mimados y privilegiados. Hay una razón para esta preocupación, ya que la naturaleza del hombre sin Cristo tiene una fuerte inclinación hacia esa dirección. Pero consideremos lo que se podría lograr si tuviéramos éxito en lo que podría parecer políticamente incorrecto: formar y educar hijos con un sentido de responsabilidad real, que tienen confianza en la comisión dada por Dios.

Imagínate lo que sería si nuestros hijos fueran criados con la dignidad, gracia, humildad y conciencia de los increíbles recursos a su disposición para usarlos para el bien de otros.

## PROTEGER Y EMPODERAR

Como ya he dicho, todo gobierno tiene dos responsabilidades básicas: proteger y empoderar. Las palabras que representan estas dos ideas pueden cambiar, pero su impacto es similar. Pedro habló de este concepto básico del gobierno describiendo dos expresiones únicas del mismo: castigar a los malhechores y alabar a los que hacen lo correcto.

> Por causa del Señor someteos a toda institución humana, ya sea al rey, como a superior, ya a los gobernadores, como por él enviados para *castigo* de los malhechores y *alabanza* de los que hacen bien. 1 Pedro 2:13-14, énfasis añadido

El efecto de estas dos acciones alienta y recompensa el bien por encima del mal. El papel de los que gobiernan crea protección, y el otro alimenta el corazón de los que se entregan por la mejora de la sociedad: los edificadores.

Pablo habló del mismo tema en Romanos, donde de nuevo vemos el mismo concepto conectado con el gobierno:

> Porque los magistrados no están para infundir temor al que hace el bien, sino al malo. ¿Quieres, pues, no temer la autoridad? Haz

> lo bueno, y *tendrás alabanza* de ella; porque es servidor de Dios para tu bien. Pero si haces lo malo, teme; porque no en vano lleva la espada, pues es servidor de Dios, vengador para *castigar* al que hace lo malo. Romanos 13:3-4, énfasis añadido

La alabanza es lo que alienta y empodera. El castigo es el elemento de la justicia que restaura la norma para una sociedad, provocando temor de hacer lo malo. La justicia hecha correctamente nos protege.

Muchos creyentes han sido ignorantes del mandato de la justicia en el gobierno que se establece cuando nuestros líderes tienen el valor de hacer cumplir la justicia. Estos creyentes citan como su argumento el mandato de Jesús de perdonar a los que nos han ofendido. Su instrucción para nuestra vida personal, a este respecto, nos evita el tormento de la amargura y es una forma extremadamente liberadora de vivir. Pero Él no estaba describiendo cómo debería funcionar el gobierno civil. Esa instrucción se encuentra a lo largo de la Biblia, revelando la necesidad de justicia. Los líderes gubernamentales que toman estas decisiones difíciles son llamados *ministros de Dios*. Esto no tiene la intención de excluir el privilegio de la misericordia, sin embargo, es la justicia lo que crea la confianza en la sociedad de que todo saldrá bien.

Quiero usar un ejemplo más de gobierno y servicio que considero fascinante del libro de Nehemías. El nombre Nehemías significa *consolador*. A menudo es un tipo del Espíritu Santo, ya que Él capacitó al pueblo de Dios para reedificar las murallas de Jerusalén en semanas, cuando lo habían estado intentando durante décadas.

> Desde aquel día la mitad de mis siervos trabajaba en la *obra*, y la otra mitad tenía *lanzas*, escudos, arcos y corazas; y detrás de ellos estaban los jefes de toda la casa de Judá. Los que edificaban en el muro, los que acarreaban, y los que cargaban, con una mano *trabajaban en la obra*, y en la otra *tenían la espada*. Porque los que *edificaban*, cada uno tenía su *espada* ceñida a sus lomos, y

así edificaban; y el que tocaba la trompeta estaba junto a mí.

Nehemías 4:16-18, énfasis añadido

Esta es una bonita estampa del concepto de un gobierno saludable y con propósito. Nehemías, un representante del rey, fue enviado a dirigir la reconstrucción de Jerusalén, pero su tarea era poco popular con las naciones circundantes. Él construía en medio de la oposición. Por esta razón había que proteger a los trabajadores o tener armas para protegerse. Los dos conceptos de *proteger* y *empoderar* se manifestaron claramente en este ejemplo de responsabilidad gubernamental. Y ya sea que construyamos ciudades o estemos criando a nuestros hijos, enfrentamos oposición. Hay muchos a quienes les gustaría imponer su voluntad sobre nosotros al criar a nuestros hijos con propósito divino. Repito: nacimos en una guerra. El conflicto tiene que ver con el destino de nuestros hijos.

Estos versículos de Nehemías ilustran perfectamente este punto. La mitad de los edificadores construían, mientras que la otra mitad protegía. Y después había un grupo que hacía las dos cosas a la vez, construyendo con una mano y portando un arma en la otra. Y después estaba el último grupo de trabajadores, los que construían con una espada en su costado. El punto es que ellos *protegían,* y *empoderaban* para que avanzara la construcción.

## ¡QUE SE UNAN LOS EDIFICADORES!

Como padres y abuelos, somos arquitectos y edificadores. Ambos protegemos y empoderamos. Dios nos ha hecho para ser las herramientas en sus manos, que moldean los valores, el carácter, los dones y los pensamientos de una generación. Nuestros hijos están siendo posicionados de forma única para representar a Dios en la tierra. La valentía, con la mente de Cristo, es esencial para tener éxito. Para hacer bien nuestra parte, debemos tener siempre un arma en la mano mientras protegemos en oración las vidas de aquellos a quienes estamos edificando y empoderando.

# 5

# ARQUITECTOS Y DISEÑADORES

Somos constructores de familias, individuos y legados, como dije antes. Cuando tenemos una idea de lo que estamos construyendo, y cuando estamos dispuestos a pagar el precio para poder usar los ladrillos de la mejor calidad, la recompensa de nuestros esfuerzos será grande.

Los ladrillos de una casa saludable son muchos. En este capítulo veremos algunos de los ladrillos que considero los más importantes. Comencemos con el ladrillo más grande de todos: el amor.

## AMOR

Como agentes gubernamentales que representamos a Dios mismo, se nos exige construir algo en y a través de las vidas de nuestros hijos que lo represente bien a Él. Verdaderamente, el mayor de todos los materiales de construcción para nuestros hogares es el amor. El amor de Dios, el menos frecuente de todos los amores, da y no exige nada a cambio. "Amor" es fácil de escribir sobre un papel, pero es mucho más difícil practicarlo; sin embargo, es el corazón y el alma de un hogar que forma vencedores de gigantes.

El amor es el ladrillo más esencial para el hogar. Es la piedra angular. Vemos el mayor ejemplo de amor en el sacrificio de Jesús en la cruz. Él entregó su vida por sus amigos (ver Juan 15:13). Pero la mejor definición de amor se encuentra en la primera carta de Pablo a la iglesia en Corinto:

> El amor es sufrido, es benigno; el amor no tiene envidia, el amor no es jactancioso, no se envanece; no hace nada indebido, no busca lo suyo, no se irrita, no guarda rencor; no se goza de la injusticia, mas se goza de la verdad. Todo lo sufre, todo lo cree, todo lo espera, todo lo soporta. 1 Corintios 13:4-7

Cualquier familia que viva según este estándar experimentará cosas con las que otros solo soñarían. Dios confía a quienes se entregan a su propósito, mucha claridad de corazón y mente. Este amor, que no pide nada a cambio, se llama *amor perfecto*. Es el amor de Dios. Vivir con amor, la piedra angular de la conducta, establece los límites para la vida.

El esposo es responsable del estándar de amor en el hogar. Los esposos deben amar a sus esposas como Jesús amó a la iglesia y se entregó a sí mismo por ella. Ese es el único estándar que vale la pena seguir. Al hacerlo, descubrimos que la marca más alta del amor sacrificial establece un estándar para la casa que es difícil de ignorar en épocas duras. Es interesante que el pasaje de Efesios 5 sobre los esposos y las esposas dice que el esposo debe amar a su esposa, pero le ordena a la esposa respetar a su esposo. ¿Por qué no se le ordena amar? En lo tocante a nuestra relación con Jesús, 1 Juan 4:19 dice: "Nosotros le amamos a él, porque él nos amó primero". Su amor por nosotros es lo que nos equipa para amarlo a Él, a cambio, con amor perfecto. Este principio se puede aplicar al hogar. Cuando el esposo ama sacrificialmente, a la esposa y a los hijos no les cuesta nada devolver el amor.

## PAZ

Por otro lado, la esposa es la responsable de crear la atmósfera en el hogar. Me doy cuenta de que en muchos hogares ahora trabajan los dos, así que ese estándar podría parecer poco práctico. Pero incluso cuando

Beni trabajaba, nuestro enfoque consistía en que ella era la principal contribuidora a la atmósfera, y yo protegía a Beni y su función. Adoptar este enfoque nos ayudó mucho, y nuestro hogar se convirtió en un lugar de amor sacrificial y paz extraordinaria. Una atmósfera de paz es otro ladrillo importante de un hogar saludable.

La atmósfera es un valor basado en la presencia. Eso significa que aprendimos como papá y mamá a hospedar al Espíritu de Dios en nuestro hogar. Trabajamos mucho para no violar nunca su presencia, ya que era y sigue siendo nuestro mayor tesoro. Violamos su corazón principalmente de dos formas:

1. Contristándolo. "Y no contristéis al Espíritu Santo de Dios" (Efesios 4:30).
2. Apagándolo. "No apaguéis al Espíritu" (1 Tesalonicenses 5:19).

Lo contristamos con malas actitudes, pensamientos, conducta, valores y planes. Lo apagamos cuando no respondemos a su liderazgo y a su presencia habilitadora. Una es cuando hacemos lo malo, y la otra cuando no hacemos lo bueno. Su presencia permanente siempre nos capacita para hacer lo que Él ordena, así que no tenemos excusa.

La adoración y el afecto por Él lo acercan. Cuando mantenemos este valor del afecto hacia Él, nuestra vida, hogar y lugar de trabajo pasan a estar bajo la hermosa influencia del Dios vivo. Aprender a vivir con ese valor supremo es clave para tener un hogar de paz.

Estos dos ladrillos, los principios de amor sacrificial y una atmósfera de paz, son solo eso, principios por los que vivimos. Tengamos en mente que las instrucciones para el esposo de amar sacrificialmente, y a la esposa de influenciar en la atmósfera, son funciones que los dos comparten. La esposa ama, y el esposo contribuye a la atmósfera, pero tener un entendimiento de nuestras contribuciones principales como esposo y esposa nos ayudaron inmensamente a Beni y a mí a la hora de edificar un hogar para Cristo.

## PRINCIPIOS

Cuando los valores del Reino de Dios moldean nuestra forma de pensar y aquello de lo que tenemos apetito, sabemos que verdaderamente han echado raíces en nuestro corazón. Estos valores es lo que denominamos principios del Reino. Aprender a identificar y entender estos principios nos ayuda a ser más intencionales a la hora de vivir dentro de la esfera de su dominio, y también nos ayuda a comunicar mejor la sabiduría de Dios a otros.

Piensa en esto: Salomón fue la persona más sabia que jamás haya vivido, aparte de Jesucristo, por supuesto. Él pidió sabiduría debido a su responsabilidad como rey. Reconoció que no era capaz de liderar al pueblo de Dios correctamente sin sabiduría divina. Esta es también la postura correcta de cada madre y padre vivos. Nuestra responsabilidad está más allá de nuestra habilidad natural. El reto que tiene la crianza de los hijos es exponencialmente más difícil en nuestros días, cuando consideramos el espíritu del tiempo en el que vivimos. Esto debería servir de motivación para todos los que acudimos a Dios y humildemente le pedimos sabiduría. Por fortuna, el intenso mal de nuestra época no se iguala con la sabiduría y el poder de Dios.

Yo he decidido vivir aquí en la tierra como se vive en el cielo. Eso significa que, como es en el cielo, así mi valor número uno es la presencia de Dios. Dirigir mi afecto hacia Él a lo largo del día, e incluso por la noche, me ancla a la mayor realidad que existe. Pero hay veces en las que esa "presencia sentida" no está ahí. Observa el término "presencia sentida". Él nunca nos deja ni nos abandona, así que siempre está ahí, pero hay veces en las que Él cierra nuestra capacidad de ser conscientes de su presencia. Lo hace para ver qué hacemos con lo que sabemos. Se lo hizo a Ezequías: "Dios lo dejó, para probarle, para hacer conocer todo lo que estaba en su corazón" (2 Crónicas 32:31). Nunca es un castigo, pero Él nos probará para ver cómo respondemos a su voluntad cuando se va la inspiración. Su voluntad está revelada en las Escrituras. Es vital tener un pueblo sobre la tierra que lo obedecerá a Él cuando lo sienta y cuando no.

Tales momentos son difíciles, pero vitales, ya que determinan la cantidad de gloria que somos capaces de cargar. El deseo de Dios es que vivamos y prosperemos bajo el peso de su presencia en toda la tierra, pero si tenemos tendencia a obedecer solo cuando nos sentimos bien, o si nos quedamos con la gloria de Dios por sus respuestas, no se nos podrá confiar lo que Él tiene en mente para nosotros.

Por esta razón debemos aprender los principios del Reino de Dios. Acudir a ellos en estos momentos significa que entendemos lo que es importante y valioso para Él, incluso cuando la inspiración se haya ido. Este puede parecer un tema extraño del que hablar, pero es la razón por la que alabarlo a Él en tiempos difíciles es tan importante. Al darle gracias y alabanza cuando las cosas son difíciles, desarrollamos el "músculo de la fe" que nos permite vivir y ver más allá de nuestro estado emocional inmediato. A los que aprenden esto se les puede dar más. Enseñar esto a nuestros hijos es esencial, ya que los estamos formando para que sean portadores de su gloria en la tierra. Esta será una generación que se entregará y morará en la gloria de Dios. ¡Bien podrían ser nuestros hijos!

## RESISTENCIA

*Sin dolor no hay crecimiento.* Esta frase usada en el levantamiento de pesas también es útil en la vida. Los músculos duelen al hacer ejercicio. Si no estás dispuesto a pasar por el dolor, habrá poco desarrollo o crecimiento del músculo cuando hagas ejercicio. El carácter y la fe también se desarrollan de esta forma.

Vivir intencionalmente nos ayuda a soportar las decisiones difíciles, porque hay crecimiento al otro lado. No se me ocurre ningún aspecto de la vida en el que esto sea más cierto que al criar a los hijos. El viaje está lleno de decisiones difíciles. A veces el dolor más grande se encuentra al intentar ser coherente, cuando sería mucho más fácil transigir para aligerar la incomodidad de un momento.

Hay algo mayor que el *dolor,* y es el *crecimiento.* El dolor es temporal. El crecimiento es eterno. Si esto no fuera cierto, el dolor no valdría la pena. Resistimos porque la recompensa es mayor, mucho mayor. Es un gran extra ver a los hijos crecer en nuestros hogares para representar un aspecto de la naturaleza de Dios de una forma honesta e integral. Esto ayuda a crear legado, y el legado no se puede sobrestimar. El rey David dejó una marca en el corazón de Dios, y fue tan importante que varios cientos años después, Dios trató al pueblo con una medida aumentada de favor porque eran descendientes de David. Esto es digno de destacar. Tocar el corazón de Dios con nuestra fidelidad y crear un legado que favorece a múltiples generaciones debería ser la meta de cada hogar creyente.

La presencia es pasión. El principio es disciplina. No fuimos creados para que se nos conozca por nuestra disciplina. Fuimos creados para que se nos conozca por nuestra pasión. Pero tener los principios de su Reino profundamente inculcados en nuestro entendimiento nos ayuda a navegar por las etapas en las que nos falta la inspiración.

Fuera de Cristo, la gente trabaja para crear una identidad a fin de poder ser aceptados. El anhelo del corazón de todos es pertenecer. Es vital. Pero, en Cristo, las cosas son distintas. Comenzamos siendo aceptados por Dios. Desde ese lugar de aceptación se forma nuestra identidad, y trabajamos en base a esa identidad. Cuando modelamos y enseñamos ese enfoque de la vida, posibilitamos que nuestros hijos se ahorren años de crisis innecesarias y se involucren totalmente en quienes Dios quiso que fueran.

## ESPERANZA

La esperanza es la característica fácil de identificar de cualquier padre o madre que viva bajo la influencia del Espíritu Santo. Es realmente el latido del cielo y, como tal, se debe convertir en el latido del hogar. Dios no está deprimido, preocupado, ni tiene miedo. Cuando nosotros sentimos esas cosas, es obvio que su influencia en nosotros ha disminuido. Él tiene esperanza. Sé que Él es Dios, y como Dios, está en control; por lo tanto, hay una razón para esta esperanza. Pero ¿acaso no estamos en Cristo? ¿No es cierto que nada es imposible para Dios, pero también que nada es imposible para los que creen? ¿No es cierto que sus promesas son más que suficiente para cualquier cosa que podamos enfrentar?

Cuando me falta la esperanza, es un recordatorio de que me he apartado de mi llamado y diseño, al haber olvidado lo que Él ha dicho y prometido. En esos momentos debo confesar y arrepentirme hasta recuperar mi posición adecuada, hasta que se haya restaurado en mí la esperanza. Cualquier área de nuestra vida para la que no tengamos esperanza quiere decir que está bajo la influencia de una mentira. Aprender a reconocer la desesperanza nos capacita para tratar cualquier cosa que minaría nuestra salud y bienestar como familia.

Una de mis historias favoritas de esperanza de todos los tiempos viene de los descubrimientos de Curt Paul Richter, científico de Johns Hopkins. En la década de 1950 realizó experimentos con ratas en los que descubrió que podían nadar en cubos con paredes altas de agua en circulación solo durante unos quince minutos para mantenerse vivas. Después de eso, se rendían y se hundían. Pero cuando rescataban a las ratas nadadoras brevemente, y después las volvían a poner en el agua, eran capaces de nadar durante sesenta horas. Eso era 240 veces más tiempo que las ratas a las que no se les rescataba temporalmente. ¿Cómo era posible? El Dr. Richter concluyó que era porque se dio esperanza a las ratas rescatadas. La esperanza de que alguien pudiera rescatarlas de nuevo les aportaba su energía para seguir nadando.

## CARÁCTER

Todo lo que enseñamos a nuestros hijos tiene mayor autoridad cuando primero lo modelamos en nuestra propia vida. Si yo exijo algo a mi hijo, primero debe estar en mi propia vida. Esto es así en muchas áreas dignas de discusión aquí, pero por ahora pensemos en estas áreas importantes:

- No puedo esperar que mis hijos tengan hambre de la Palabra de Dios si no me ven a mí hambriento de ella. Deben verme leer mi Biblia. No solo leas la Palabra de Dios cuando estés en la cama por la noche, lejos de tus hijos. No estoy diciendo que debamos fingir para impresionarlos, pero debemos poner ciertas cosas en el escaparate para que nuestros hijos tengan más probabilidades de seguirlas. Lo mismo ocurre con mi vida de oración.
- Incluye a tus hijos en el privilegio de dar. Dales dinero o posesiones con el único propósito de dar. Las ofrendas en la iglesia es un buen lugar para comenzar, pero dale también a la persona que está pidiendo en la puerta del supermercado, que necesita ayuda con comida o dinero para gasolina. Quizá puedas empezar una conversación en el automóvil de regreso a casa del supermercado. Fomenta la compasión en tus hijos. Déjales ver y participar en ello desde una edad temprana.
- Elogia a los individuos de tu hogar delante de los demás. Dar honor abiertamente dio grandes dividendos en nuestro hogar. Pero en presencia de tus hijos, también incluye dar honor a los que no son de tu familia. Puedes desarrollar esta manera de pensar preguntándoles: "¿Qué te gusta de...?". Menciona el nombre de uno de sus amigos, o quizá uno de los tuyos. El punto es hacerles pensar sobre el carácter de otras personas.
- Arrepiéntete de forma rápida y abierta. Si trato mal a alguien delante de mis hijos, es vital que arregle mi metedura de pata con una disculpa. Esto debe ser con la persona a la que ofendí, y también con mis hijos que vieron mi conducta inaceptable. Ellos deben ver mi ternura hacia el Señor, y hacia ellos. No uses este tipo de oportunidades para dar un mensaje sobre cómo deberían vivir tus hijos. Simplemente sé el ejemplo que quieres que ellos sigan.
- La paciencia es una de las virtudes más necesarias a la hora de criar hijos. A menudo, los padres nos frustramos tanto con un

hijo que actúa como un niño que aprovechamos la oportunidad para "predicar" nuestro mensaje sobre ser responsables. A menudo, es meramente impaciencia verbal disfrazada de entrenamiento. Mi paciencia con mis hijos les alienta a ser pacientes con otros.

- Servir se enseña haciéndolo. El papel del siervo es el modelo más alto en el Reino de Dios. Ilustrar ese papel es crítico para formar a tus hijos, o de lo contrario querrán que todo el mundo gire alrededor de ellos.

## PROPÓSITO

Los padres tienen el maravilloso privilegio de entrenar a sus hijos para que conozcan su identidad, su propósito y su destino. En realidad, nacimos para disfrutar de Dios. Quizá se podría decir mejor que estamos *diseñados* para descubrir y disfrutar al Dios que se deleita en nosotros. Eso es, quizá, lo que el enemigo de nuestra alma teme más: un pueblo que ame, disfrute y se deleite en Dios.

Parte de nuestro diseño es ser la morada eterna de Dios. No creo que pudiera existir un propósito más importante, considerando que el Dios del universo anhela vivir en nosotros. Se nos llama la casa de Dios. Aprender a reconocer su presencia, así como rendirnos a su Espíritu Santo que mora en nosotros, son prácticas esenciales de los que descubren su razón de ser.

A medida que sus propósitos son cada vez más pronunciados en nuestros hijos y en nosotros mismos, tenemos el privilegio único de representar a Dios. Me gusta decir *re*-presentar a Jesús, porque tenemos la singular responsabilidad de manifestarlo como Él es. Estoy suponiendo que aprender a hacer esto bien es algo que requiere toda una vida, y yo aún me siento un principiante. Sin embargo, no tengo la autoridad para cambiar la tarea a algo que sienta que puedo hacer mejor. Esto es lo que somos y la razón por la que estamos aquí. La gente necesita a Jesús y debería poder verlo en nosotros y a través de nosotros.

Por lo tanto, representamos a Dios en cómo vivimos y amamos, y del mismo modo revelamos a Dios. Jesús nos enseñó: "Así alumbre vuestra luz delante de los hombres, para que vean vuestras buenas obras, y glorifiquen a vuestro Padre que está en los cielos" (Mateo 5:16). Al revelar a Dios tal como Él es, la gente automáticamente se sentirá atraída a Él y como consecuencia le glorificará. Este es el gran privilegio y responsabilidad de todos nosotros. Y esto es lo que debemos comunicar a nuestros jóvenes vencedores de gigantes.

# 6

# RESPUESTA EN PRIMER LUGAR

Jesús no vivió reaccionando al diablo; en cambio, respondía al Padre. Esto establece una norma bíblica para todas nuestras vidas, ya que la voluntad de Dios para nosotros es que no reaccionemos a algo equivocado, sino que respondamos a lo que es correcto. Ilustra la voluntad de Dios cuando respondemos en lugar de reaccionar. Entender esto nos ayudará a cada uno en todas nuestras relaciones, pero es un enfoque especialmente práctico de la vida familiar.

Si hubiera pasajes de la Biblia que captaran la esencia de la naturaleza de Dios con respecto a todas las relaciones en el Reino, tendrían que ser estos dos siguientes:

> El amor es sufrido, es benigno; el amor no tiene envidia, el amor no es jactancioso, no se envanece; no hace nada indebido, no busca lo suyo, no se irrita, no guarda rencor; no se goza de la injusticia, mas se goza de la verdad. Todo lo sufre, todo lo cree, todo lo espera, todo lo soporta. El amor nunca deja de ser.
>
> 1 Corintios 13:4-8

> Nada hagáis por contienda o por vanagloria; antes bien con humildad, estimando cada uno a los demás como superiores a él mismo; no mirando cada uno por lo suyo propio, sino cada cual

> también por lo de los otros. Haya, pues, en vosotros este sentir que hubo también en Cristo Jesús. Filipenses 2:3-5

Estos pasajes son obras maestras relacionales. Mientras que el primer pasaje, parte del capítulo del amor escrito a la iglesia corintia, es el valor máximo sobre el tema de cómo es el amor verdadero, es este segundo pasaje el que ha influido en mi pensamiento. Para mí, en este pasaje el apóstol Pablo ilustró la aplicación práctica de los principios de los que habló en el capítulo del amor. En Filipenses 2 habla de la postura de la mente a la hora de ver a otros correctamente: *como más importantes que nosotros mismos*. Tiene la disciplina de abrazar *los intereses de otros*, seguido por la exhortación a abrazar esto como una *actitud* general, la misma que tuvo Jesús. Esto me dice que debe ser mucho más que una acción aislada. Mediante la práctica, debe ser y debe convertirse en nuestra respuesta más natural a un reto u oportunidad.

## NUESTRO ENFOQUE

Beni y yo hicimos un acuerdo al principio de nuestro matrimonio de que nunca nos saludaríamos el uno al otro negativamente cuando uno de nosotros regresara a la casa después de un día largo. A menos que hubiera una emergencia, nunca nos saludaríamos en la puerta con un problema. Incluso si los niños se habían portado mal y necesitaban una "reunión" con su papá, mi saludo y el de ella serían siempre cálidos y positivos.

Para ser sincero, algunas personas no quieren regresar a su casa cuando han terminado de trabajar. No saben lo que van a recibir cuando atraviesen la puerta. ¿Serán gritos, abuso verbal, o una descarga de problemas que se han estado acumulando durante el día? En lugar de regresar a casa, muchas personas se van al bar, trabajan hasta tarde o encuentran alguna otra actividad para llenar su tiempo al final de su día de trabajo. La idea de entrar en un lugar de dolor y conflicto tiene un efecto subconsciente sobre los horarios y prioridades de las personas. Con el tipo de enfoque descuidado hacia la vida en el que nos saludamos el uno al otro con negatividad, entrenamos a nuestro cónyuge para no querer regresar a casa o reorganizarse al final del día.

Cuando hay dificultades de las que es necesario hablar, establezcan un momento mutuamente conveniente. Si un cónyuge ha tenido que manejar un problema todo el día y el otro no ha pensado ni dos veces en el problema, es realmente injusto disparar y descargarlo todo cuando la primera persona está lista para charlar. Tener respeto por la otra persona podría verse como algo parecido a esto: "Cuando te fuiste de la casa esta mañana, tuve la sensación de que ignorabas mi intento de obtener tu ayuda sobre un asunto. Sé que probablemente no era esa tu intención, pero me ha molestado durante todo el día. ¿Podemos sentarnos esta noche, después de que los niños estén en la cama, y hablar de esto?". Nunca puedo prometer que la conversación irá bien siempre, pero este enfoque de respeto y honor pone la ventaja a tu favor.

Tengo un amigo que salió a cazar ciervos. Justamente cuando apretaba el gatillo para obtener su presa, observó que había otro cazador al otro lado del ciervo que también intentaba dispararlo. Mi amigo disparó al animal, mientras que el otro cazador le disparó a él accidentalmente. Vivió para contar la historia, pero la lección siempre me ha ayudado a ilustrar la importancia de enfrentar juntos los desafíos.

Si un esposo y esposa, o padres e hijos, enfrentan un problema separados los unos de los otros, siempre existe la oportunidad de que el otro familiar sea el que reciba el *disparo*, por así decirlo. Pero si un esposo y su esposa están lado a lado al enfrentar un asunto, pueden abordar juntos el problema con mucha menor probabilidad de que uno haga daño al otro. Darse mutuamente el beneficio de la duda es un lugar estupendo donde comenzar.

## LA GUERRA DE LA COMUNICACIÓN

La comunicación no tiene que ser como una guerra, y nunca ha sido así para Beni y yo. Sentimos demasiado respeto el uno por el otro para tratarnos mutuamente como un enemigo o como la diana a la hora de lidiar con un problema. Llamo guerra al asunto de la comunicación, porque es aquí donde trabajan muy duro las potestades de las tinieblas para dividirnos. A todos nosotros. Tener éxito en las comunicaciones, y enseñar a nuestros hijos a hacer lo mismo, prepara el escenario para un mayor favor, mayor éxito y una vida feliz en una comunidad de familiares y amigos de confianza.

Enseñar a los hijos el arte de la buena comunicación comienza en el hogar. Debe involucrar procesar el desacuerdo y el dolor. A continuación, hay algunas ideas sobre este hermoso tema que nos han ayudado a Beni y a mí a tener éxito en esta área con nuestra familia:

- Sé un ejemplo de cómo comunicar bien. La buena comunicación no se trata de comunicar tu idea; tiene un enfoque principal en entender a las personas con las que estás hablando. Los esposos y las esposas preparan el escenario para sus hijos en esta materia. Los niños seguirán tu dirección. Hablar con menosprecio a alguien de manera que insulta o se burla de la persona es tabú, ya que impulsa a esa persona a alejarse de ti.
- La buena comunicación se produce cuando las personas no se sienten amenazadas por expresar su opinión. No reaccionar a tu cónyuge o tus hijos recorre un largo camino a la hora de entrenar para esta virtud tan deseable.
- Di la verdad en amor (ver Efesios 4:15). Decir la verdad es fundamental, pero solamente en el contexto del amor. El amor honra, valora y celebra a la otra persona. Eso es comunicación.
- Modela la humildad confesando tus errores. Cuando toda la familia ve la metedura de pata, confiésalo ante toda la familia. Por ejemplo, elevar la voz, ser impaciente o gritar a otro conductor son cosas que puedes confesar y después hacer que toda la familia ore por ti.
- Muestra interés por cualquier miembro de la familia que esté desalentado o abatido. Respeta que él o ella quizá no quiera

hablar en ese momento. Honra a la persona dándole algo de espacio para procesar la situación, pero muestra un apoyo amoroso. A algunos niños les resulta muy difícil hablar sobre sus sentimientos. Es un reto continuo para los padres, ya que tenemos tendencia a querer que hablen más cuando tienen menos ganas de hacerlo. Aprende a sacar los sentimientos de tu hijo cuando algo haya sido emocionante o divertido, en lugar de hacerlo solamente cuando hay un problema. Es más fácil desarrollar estas habilidades de comunicar sentimientos cuando no existe la presión de hablar del desengaño o el fracaso.

- A menudo es bueno repetir con tus propias palabras lo que la otra persona ha dicho, para asegurarte de que has entendido. Yo solía fomentar esto en la consejería matrimonial. Era dolorosamente divertido ver cuántas veces los cónyuges estaban a mundos de distancia, aunque intentaban repetir lo que la otra persona acababa de decir solamente dos minutos antes. Cuando existe un gran conflicto, las personas incluyen sus prejuicios o su amargura en lo que ha dicho la otra persona. Al repetir las palabras de otros, les das la oportunidad de corregir tu perspectiva, y también pueden ver que te interesas por ellos.
- Mantente alejado de suponer que conoces los motivos de otra persona. Esta única habilidad nos ahorraría muchísimo sufrimiento y nos protegería de causar división. Aprender a hacer esto como padres, y después ayudar a nuestros hijos a desarrollar esta habilidad, hará maravillas por ellos en toda su vida. La Biblia dice de Dios: "sólo tú conoces el corazón de todos los hijos de los hombres" (1 Reyes 8:39). Pensar que conocemos lo que Dios dice que no podemos conocer nos abre a un gran engaño. Existe un diablo real al que le gustaría darnos su regalo de la sospecha para así aumentar la división en nuestros hogares y amistades. Es mejor mantenernos lejos de esto y aprender a darles a los demás el beneficio de la duda. Si Dios te advierte que

te mantengas alejado de alguien, hazlo por todos los medios; pero no necesitas imaginar cosas a las que Dios no te está dando acceso.

- *Conversar* es la meta de la comunicación. Eso implica la experiencia de tener una relación emocional o espiritual profunda. Aunque no es posible tener eso con cada persona, debería ser nuestra ambición ser auténticos amantes de la verdad y de las personas en cualquier medida que Dios nos haya provisto. Una buena comunicación no es solamente un modo en que mostramos valor por nuestra propia opinión. Eso es desahogarnos, sea o no emocional. La comunicación, *conversar,* se trata más sobre escuchar tanto como hablar. Las personas más importantes en nuestras vidas son la familia. Aprende a conversar ahí, y serás maestro de eso en cualquier otro lugar.
- Yo aprendí de Beni a orar por un corazón entendido. Le escuché a ella hacer esa oración al principio de nuestras vidas como padres. Fue brillante. Un corazón entendido nos ayuda a no leer en una situación lo que no está ahí. Nos aleja de estar a la defensiva, lo cual casi siempre hace daño a la meta de la comunicación.
- La buena comunicación es más probable cuando estimamos en gran valor a la persona con la que hablamos. Tenemos menos posibilidad de ser cortantes o groseros. Mi papá solía decir: "Cuando lavas los pies de otra persona, descubres por qué camina del modo en que lo hace". Tener un corazón de siervo ayuda a que la comunicación tenga éxito.
- La buena comunicación toma tiempo. Sé espontáneo, pero nunca sitúes a otra persona en desventaja al hacerlo. Aprende a programar un tiempo para conversar si es necesario, y también para respetar los planes de otra persona. La comunicación es lo suficientemente importante algunas veces para ser un punto en el calendario.

- Usa el humor. Ríete de ti mismo, pero no uses el humor para deshonrar o ridiculizar. Tengo amigos que utilizan el humor para criticar, y piensan que eso no hace daño porque la otra persona se ríe. Mucha risa de grupo ante la crítica es risa forzada, o es un intento de mostrar que las personas siguen valorando al crítico. Pero eso no significa que el humor sea bien recibido o valorado; daña significativamente tu credibilidad siempre que usas el humor para burlarte o herir a otra persona.
- Un buen comunicador siempre edifica una zona de seguridad para que la otra persona intervenga. Significa que la opinión de la otra persona es importante para mí, ya que lo valoro como persona. Esto crea una atmósfera no amenazante donde se vuelve posible el intercambio de vida.
- Las personas que tienen una buena autoestima parecen comunicarse mejor, ya que no tienen tanta probabilidad de reaccionar ante un malentendido. Su identidad no está envuelta en la aprobación de la otra persona, por lo tanto pueden capear mejor las conversaciones desafiantes, sin reaccionar. Si tengo que amar a los demás como me amo a mí mismo, es lógico que deba amarme a mí mismo para amar bien a los demás.
- Siempre que uno de los miembros de nuestra familia hacía daño a otro, siempre se requería que él o ella se disculpara. Al que se disculpaba no se le permitía decir solamente las palabras "lo siento". Tenía que decir por qué lo sentía. En otras palabras, tenía que confesar su pecado a la otra persona: "lo siento por haberte quitado tus caramelos". El que perdonaba no podía solamente decir las palabras "está bien" o "te perdono". Tenía que decir: "te perdono por haberme quitado mis caramelos". Si la persona se negaba o necesitaba tiempo, lo enviábamos a su cuarto para que pensara. Entonces yo iba a su cuarto después de unos diez minutos y le ayudaba a recorrer el proceso. Ser específico ayuda con el arrepentimiento y la sanidad verdaderos.

Su tono de voz también era fundamental para mí; tenía que ser tierno y receptivo, y no reactivo y grosero. La amargura afecta a quien la carga, no al objetivo.

Estos son solo algunos de los principios por los que hemos intentado vivir. Vale la pena el tiempo necesario para practicar y desarrollar fortalezas en estas diferentes áreas de comunicación, ya que afectarán al resto de las vidas de tus hijos.

Una cosa más que quiero mencionar sobre la comunicación es el uso tan extendido de los dispositivos electrónicos actualmente, lo cual es más un problema ahora de lo que solía ser. Los niños, y de hecho todos nosotros, tienen muchas más cosas con las que participar: iPhones, tabletas, computadoras, acceso al Internet. Me encantan todas estas herramientas. Jugar en el teléfono puede ser recreativo, e incluso me resulta refrescante. Estos dispositivos pueden ser divertidos, pero también pueden distorsionar valores y crear un enfoque estrecho y poco social que hace daño a las relaciones y la comunicación. Es sabio establecer algunos límites para ti mismo y para tus hijos en esta área. Ningún mensaje de texto, nada de iPhones, nada de nada en la mesa durante la cena. Sé un modelo de ello. Cuando converses con tus hijos, dales toda tu atención y míralos a los ojos. No estés dividido, mirando tu teléfono, excepto si tienes que asegurarte de que no hay una emergencia. Enseña a tus hijos a comunicarse con otros del mismo modo, con el mismo nivel de respeto. Utiliza las herramientas electrónicas con sabiduría, asegurándote de que siguen siendo herramientas que mejoran la vida. No permitas que compitan con las relaciones y la familia. Recorta el uso de estas cosas si necesitas hacerlo. Asegúrate de valorar en primer lugar a las personas, y supervisa qué tan bien les va a tus hijos en la vida y qué tan bien se relacionan con las personas.

## INTERRUPCIONES CON PROPÓSITO

En diversas ocasiones, mis hijos interrumpían mi conversación con otra persona adulta. Aunque había veces en que eso podía ser fácilmente frustrante, yo me disculpaba con el adulto y me excusaba solamente por un momento. Entonces dirigía mi atención a mi hijo, que es (y sigue siendo) una de las cuatro personas más importantes en mi vida. Por ejemplo, si uno de los muchachos me interrumpía, yo le preguntaba qué tenía que decir y entonces escuchaba con un gran enfoque solamente en él. Normalmente él interrumpía para enseñarme otra lagartija que había cazado o los despojos de otra aventura igualmente grandiosa, o que se había hecho dado daño en su dedo mientras jugaba. Eso era importante para él y, por lo tanto, era importante para mí.

Entiendo cuán diferente es mi enfoque de la norma, pero es una diferencia que vale la pena destacar aquí porque produce grandes dividendos a largo plazo. Hacía que mis hijos se sintieran valorados, a la vez que les enseñaba a valorar el dar honra a otros. Cuando mis hijos me interrumpían, yo les daba mi atención no dividida hasta después de haber celebrado su última conquista o haber atendido a su dolor. Pero entonces les explicaba algo sobre la comunicación, sin hacer que se sintieran avergonzados por haber acudido a mí. Decía algo como lo siguiente: "Me impresiona mucho que cazaras esa lagartija. Apuesto a que fue difícil de agarrar. ¡Buen trabajo! Es muy importante para mí saber qué estás haciendo y cómo te diviertes. Pero podrías haber observado que estaba hablando con mi amigo. Siempre quiero que puedas acudir a mí en cualquier momento y con cualquier cosa, pero si crees que puede esperar unos minutos, la próxima vez me encantaría terminar mi conversación".

Al final de ese tipo de encuentro, mis hijos tenían la seguridad de saber que eran las personas más importantes del mundo para mí, y que como mi hijo o hija, tenían acceso a mí en cualquier momento. Era su derecho y su privilegio; pero también sabían lo mucho que yo valoraba y me encantaba también honrar a mis amigos. Aquí, ellos llegaron a aprender a honrar a los amigos de su papá, lo cual es un principio bíblico que se encuentra en Proverbios 27:10. Entonces podían ver cómo ayudarme a ser exitoso en esta área de la vida, sin perderse su conversación tan importante con papá acerca de su reptil recientemente capturado.

## NUESTRO HOGAR: SEGURO Y DIVERTIDO

Beni era muy buena en hacer de nuestro hogar un lugar saludable y seguro; tan buena que a nuestros hijos les encantaba llevar a casa a sus amigos después de la escuela. Lo hacían incluso cuando estaban en la secundaria, lo cual debe calificarse como cierto tipo de milagro. Beni era tan cálida y amigable que los amigos de nuestros hijos a menudo preferían acudir a nuestra casa que hacer alguna otra cosa.

Beni también añadía otro beneficio para sus vidas: esos adolescentes, tanto varones como mujeres, podían charlar con ella sobre cualquier cosa, y lo hacían. Ella siempre los trataba con honor y respeto, y a la vez era brutalmente sincera. Además, nunca reaccionaba con asombro ante nada que se dijera, lo cual les hacía sentirse valorados y seguros. Esto le situó a ella en un lugar de gran influencia con un grupo de jóvenes varones y muchachas que de otro modo estarían desconectados de la mayoría de los adultos. Como resultado de su fortaleza, sabiduría y gracia, ella les preguntaba sus comentarios sobre muchos asuntos personales. Era hermoso verlo.

Nuestros hogares han de ser lugares de sanidad, fortaleza, conexión, identidad y recarga de nuestras baterías emocionalmente, mentalmente y espiritualmente. El modo en que respondemos el uno al otro ayuda a cimentar esto como una meta alcanzable.

## NORMA DE LAS EXPECTATIVAS

Nuestros tres hijos estudiaron en una escuela cristiana desde preescolar hasta el octavo grado. Estoy muy agradecido porque pudimos conseguir que hicieran eso, ya que produjo una influencia significativa en sus vidas de una manera que complementaba lo que recibían en nuestro hogar. Es interesante que sus salones de clase tenían en cada uno de ellos unos cuatro grados diferentes. Me encantaba eso. Ellos podían crecer en una atmósfera muy diversa y no tener tanta restricción de edades.

La variedad es esencial para un desarrollo saludable, y es especialmente cierto cuando los niños tienen la oportunidad de crecer en un ambiente como el de la escuela de nuestros hijos. En cierta edad ellos eran los más pequeños de la clase, recibiendo ayuda y aporte de los niños de más edad. En otro periodo ellos eran los mayores, y servían a los niños más pequeños. Este tipo de práctica es muy positiva a largo plazo. Los niños tenían la responsabilidad de influir en otros y también la tarea de aprender de otros en el proceso. Sus maestros eran muy positivos, y hacían grandes sacrificios para que esos niños pudieran crecer y convertirse en personas que contribuyen a la sociedad.

Mis hijos sabían que cuando me mostraban una tarjeta de reporte, yo tenía expectativas. En primer lugar, y sobre todo, yo miraba la evaluación que hacían sus maestros de su actitud. Aprendimos temprano en sus años formativos que si éramos capaces de producir corrección en sus corazones mientras su problema seguía estando en forma de actitud, a menudo podíamos prevenir la mala conducta. Durante un tiempo de disciplina, yo los enviaba a sus cuartos hasta que cambiaba su actitud. Cuando iba a comprobar cómo estaban, esperaba que ellos lidiaran con su propio corazón y volvieran a ser tiernos. Si no lo estaban haciendo, entonces tomábamos otras medidas.

Mi mayor interés por lo que estaban llegando a ser mis hijos era su respeto hacia sus maestros, y después, desde luego, hacia sus compañeros. La actitud es suprema. Las notas académicas son importantes, pero el corazón es más importante aún. Sus maestros siempre los calificaban también en el área de la actitud, por lo cual yo estaba muy agradecido. Era brillante. Los niños observaban mientras yo abría primero esa página de su tarjeta de reporte, porque sabían lo que era importante para mí. Como alguien dijo en una ocasión, "debes inspeccionar lo que esperas". Y eso hacía yo, y en consecuencia los honraba a ellos.

Tras comprobar las calificaciones que recibían los niños por la actitud, lo segundo que yo miraba era su calificación en Biblia. Como era una escuela cristiana, les enseñaban la Biblia, por lo cual también estaba agradecido. Era fundamental en mi modo de pensar que ellos entendieran las Escrituras. No porque yo fuera pastor; eso nunca se cruzó por mi mente. Era para el beneficio de la vida que tenían por delante. Yo quería que ellos fueran exitosos; y es muy difícil ser eternamente exitosos sin tener un fundamento en la Palabra de Dios. Miraba esa calificación en Biblia con gran interés.

Cuando había mirado esas dos cosas, revisaba el resto de la tarjeta de reporte. Puedo decir sinceramente que si ellos iban bien en esas dos cosas, el resto seguía igualmente bien. Realmente funcionaba de ese modo. Mientras ellos estuvieran comprometidos a mantener en el camino los asuntos de su corazón y estuvieran dedicados a la Palabra de Dios, todo lo demás encajaba en su lugar. En realidad, ellos podrían haber tenido malas calificaciones en varias otras materias y yo habría estado tan contento como siempre, si la actitud del corazón y la Biblia tenían una buena calificación. Para mí, así es como se ve el edificar teniendo en mente el cuadro general. Y si sus gigantes son vencidos en el interior, los niños estarán mucho mejor posicionados para lidiar con los gigantes en la sociedad.

## HABILIDADES Y EL CORAZÓN

Los asuntos del corazón eran siempre nuestro enfoque principal a la hora de formar a nuestros hijos. Proverbios 4:23 ha sido siempre un versículo de vida para mí durante unos 45 años: "Sobre toda cosa guardada, guarda tu corazón; porque de él mana la vida". Es también de interés principal para Dios, ya que Él consideraba a David "varón conforme a mi corazón" (ver Hechos 13:22). Eso es realmente asombroso. Dios conoce al vencedor de gigantes más famoso de la historia del mundo por su corazón. David tenía un corazón conforme al corazón de Dios. ¡Eso es brillante!

Hace muchos años atrás, mi papá quería contratar a un pastor músico. Yo era un asociado en aquel momento, y él mantenía informado de su progreso a todo el equipo de personal. Necesitaba a alguien que tuviera conocimiento de coros, producción de televisión, orquesta, y mucho más. Papá trajo a Redding a personas muy calificadas desde todo el país y pasó tiempo con ellas, entrevistándolos como posibles candidatos para el trabajo. Eran algunos de los individuos mejores en el país; tenían grandes habilidades, con grandes ministerios.

Cuando llegó el momento de tomar una decisión, mi papá se reunió con el resto del equipo para comunicarnos el resultado. Nunca olvidaré aquella conversación. Él nos habló de las personas que había traído a Redding para entrevistarlas, y después nos dijo que había escogido a alguien que era muy musical pero que nunca había hecho ninguna de las cosas que le estábamos pidiendo que hiciera. Mi papá siguió esa afirmación en cierto modo asombrosa con estas palabras: "pero él tiene el mismo corazón que tenemos nosotros".

El enfoque de mi papá era que las habilidades se podían enseñar, pero el corazón es otro asunto muy distinto. Contrató a Bob Kilpatrick para que estuviera en nuestro equipo, y Bob y su familia siguen siendo amigos muy especiales hasta la fecha. Todo se trata del corazón.

Aquel día aprendí algo que se ha quedado conmigo como un hermoso ejemplo del tipo de valores que influyen en las buenas decisiones. Las habilidades son importantes, pero se pueden aprender. El corazón es mayor que las habilidades. Este enfoque ha seguido siendo nuestro blanco principal a la hora de formar a nuestros hijos y nietos.

## AUTORIDAD DELEGADA

Era importante para mí que mis hijos entendieran la autoridad desde la perspectiva de Dios. Si nos están indicando que nos detengamos por alguna infracción de tráfico, no tenemos el derecho de seguir conduciendo si sabemos que el oficial es un esposo y padre horrible. Nos detenemos debido a la placa y el uniforme que lleva. Él representa a la ley, y yo debo respetar eso.

Siempre que teníamos a una niñera cuidando de nuestros hijos, o a un maestro en la escuela que les enseñaba, o a un entrenador de la liga que les ayudaba con el béisbol, nuestros hijos sabían que esas personas eran autoridad delegada. Delegada por mí. Deshonrarlos a ellos era deshonrarme a mí. Por si sirve de algo, ellos también sabían que podían desobedecer las indicaciones de esa persona si esas directivas quebrantaban la Palabra de Dios y la dirección para nuestra familia.

Recuerdo que tuve que enseñar esta poderosa lección a nuestros dos varones pequeños a quienes cuidábamos de la agencia de acogida temporal. Ellos habían visto a su papá abusar de su mamá, y tenían mucho menos respeto por Beni que por mí. Cuando eran irrespetuosos, yo los llevaba aparte y les decía: "Ella es mi esposa; ¡y ustedes no van a tratar a mi esposa de ese modo!".

Ellos entonces comenzaron a asociar la autoridad de Beni con la mía. Cuando era necesario, también les decía eso a mis hijos. Es una de las maneras en que enseñamos el concepto de la autoridad delegada. Si los niños eran irrespetuosos con la niñera, eran irrespetuosos conmigo. Era vital inculcar ese pilar para la vida en el modo en que ellos ven a quienes tienen autoridad en sus vidas.

Entiendo que fácilmente podemos mencionar excepciones cuando uno de estos individuos delegados podría querer violar a un niño o participar en alguna otra actividad ilegal. Desde luego que eso es incorrecto, y ninguna persona tiene que someterse a esa necedad. Pero la objeción de la mayoría de las personas hacia la autoridad no tiene nada que ver con una actividad ilegal o incluso poco sabia. Solamente están en desacuerdo con la persona situada en autoridad.

Hablamos mucho sobre nuestros valores fundamentales, ya que esas son las cosas que ayudan a definir la cultura. Para practicarlas bien debe haber un entendimiento de la autoridad en el Reino de Dios. Hay una historia estupenda sobre un centurión que le dijo a Jesús que su sirviente estaba enfermo (ver Mateo 8:5-13; Lucas 7:1-10). Jesús respondió que Él podía ir y sanarlo. El centurión dijo que Jesús no tenía que hacer nada de eso; lo único que tenía que hacer era declarar la palabra y el sirviente sería sanado. Y entonces el centurión explicó que debido a que él era un hombre bajo autoridad, quienes estaban bajo su supervisión de igual modo debían hacer lo que él decía. ¡Él lo entendía! Estar bajo la autoridad de Dios es lo que nos da autoridad sobre los asuntos de la vida que las obras de la oscuridad han dañado.

Si queremos impresionar a Dios, intentemos movernos en el tipo de fe que colabora con el razonamiento divino. Este soldado romano impresionó a Jesús de manera notable. Él siguió explicándose: "Como yo represento a una autoridad mayor, quienes están bajo mis órdenes responderán". Ese concepto de la autoridad es inmenso y está muy ausente en nuestra cultura actual, donde hay muy poco valor por la autoridad. A largo plazo eso nos hace daño, porque llegamos a ser incapaces de operar del modo en que lo hacía Jesús.

## HIJOS PODEROSOS

Los niños necesitan ser conscientes de que son personas poderosas que son capaces de tomar decisiones, y que no han de ser controlados por otros. Queremos que piensen por sí mismos, pero también queremos que valoren a las personas a quienes Dios ha puesto en sus vidas, y esto incluye a quienes tienen autoridad sobre ellos. Como los niños son poderosos, son capaces de ser exitosos a la hora de honrar y someterse a la autoridad, particularmente cuando primero nos ven a nosotros modelar la autoridad del Reino puesta en práctica.

Como padres, también es vital que en nuestras relaciones y nuestra comunicación respondamos en primer lugar, y no reaccionemos. Responder en primer lugar es precisamente eso: ser aquel que es el primero en responder a las necesidades de nuestros hijos, sus dones, propósito y llamado percibidos. Cuando somos modelos en reaccionar, eso enseña a nuestros hijos a evitar los retos en la vida, mientras al mismo tiempo refuerza la idea de que ellos siempre tienen la razón y cualquiera que difiera está equivocado. Cuando nos ven responder a ellos y a otras personas, eso les enseña a valorar a la persona y también el asunto que está delante.

Modelamos este enfoque de la vida en el modo en que tratamos a nuestros hijos. Ellos lograrán mucho más, y lo harán mucho antes que la mayoría, si pueden aprender de nosotros la belleza de dar una respuesta a las personas en lugar de una reacción. Esa es la naturaleza de una vida de honor.

# 7

# UN CASO PARA LA DISCIPLINA PIADOSA

Ninguna institución es más fuerte que su capacidad de disciplinar. No importa si estamos hablando de una nación, una organización o una familia; la disciplina es vital. Es la otra cara de la moneda cuyo rostro nos muestra el tema de la recompensa. Sin disciplina, una cultura entera es propensa a sentirse con derechos y la vergüenza resultante que acompaña a las decisiones poco sabias e incontroladas en la vida. En esta época actual, a menudo formamos a los hijos con poca o ninguna disciplina, y después nos quejamos de su falta de autodisciplina. Estas dos realidades están conectadas. La ausencia de disciplina externa conduce a la ausencia de disciplina interna.

Muy pocos temas candentes tienen más probabilidad de obtener una reacción que el tema de la disciplina. Hay buenas razones para ello, y algunas bastante malas. Una de las malas es la presión social, que debería ser totalmente insignificante para un creyente verdadero. El público es valorado; la opinión pública no lo es. Responderemos ante Uno por nuestras decisiones. Eso es lo que importa.

Una buena razón para reaccionar contra este tema es sencillamente el hecho de que ha habido mucho abuso. Existe la locura en un hogar tras otro, todo ello en nombre de la disciplina. Salen a la superficie ira, violencia y odio. Las personas que nunca han abordado sus propios problemas la emprenden con frecuencia con sus hijos; pero reaccionar a los abusos de otros nunca nos lleva a la verdad. No usar la herramienta de la disciplina no es mejor que abusar de la herramienta de la disciplina. Tanto el abuso como la indisciplina tienen resultados desastrosos. Es mejor que nos entreguemos a encontrar la norma bíblica y la sigamos con atención.

La disciplina proviene de un corazón de amor, en un esfuerzo por moldear el corazón del niño con responsabilidad y propósito. Dios establece la norma para esta área de nuestras vidas:

> Si soportáis la disciplina, Dios os trata como a hijos; porque ¿qué hijo es aquel a quien el padre no disciplina? Pero *si se os deja sin disciplina,* de la cual todos han sido participantes, entonces *sois bastardos, y no hijos.* Por otra parte, tuvimos a nuestros padres terrenales que nos disciplinaban, y los venerábamos. ¿Por qué no obedeceremos mucho mejor al Padre de los espíritus, y viviremos?
>
> Y aquéllos, ciertamente por pocos días nos disciplinaban como a ellos les parecía, pero éste para lo que nos es provechoso, *para que participemos de su santidad.* Es verdad que *ninguna disciplina* al presente parece ser causa de gozo, sino *de tristeza;* pero después *da fruto apacible de justicia* a los que en ella han sido ejercitados.
>
> Hebreos 12:7-11, énfasis añadido

Lee otra vez estos versículos, prestando especial atención a las partes enfatizadas. El propósito y los resultados de la corrección de Dios son buenos. Nuestra responsabilidad de disciplinar a nuestros hijos sigue el modelo de este ejemplo. Dios nos corrige porque nos ama. Punto. Si Él quisiera quebrarnos o destruirnos, tomaría muy poco esfuerzo por su parte. Desahogar su ira no es nunca el objetivo, pues su paciencia es un billón de veces mayor que nuestra más osada imaginación de lo que es paciencia. La transformación es su objetivo.

Si Dios no nos disciplina, somos hijos ilegítimos. Los hijos ilegítimos no tienen los mismos derechos que los reales. Las implicaciones de esta afirmación son asombrosas. Dios toma tiempo con quienes son de Él, obrando para construir su carácter en ellos. Pero aquellos a quienes Él no disciplina no son suyos. Del mismo modo que yo nunca disciplinaría a los hijos de los vecinos, igualmente Dios no trata con quienes no le pertenecen a Él. Él da su atención amorosa a quienes le pertenecen, pues desea impartirles su *santidad* y *el fruto apacible de justicia*. Esos son los resultados de recibir su corrección.

Para poner todo esto en un contexto familiar, la disciplina da al niño una identidad, carácter y un propósito. Inculcamos en nuestros hijos una consciencia de por qué estamos vivos y lo que se le ha dado hacer a nuestra familia en la tierra. Los padres que no disciplinan a sus hijos no les dan el impacto pleno de su herencia y su nombre.

## PERSONAS GRANDES Y PODEROSAS

Voy a decir desde el principio que creo en dar azotainas. Aunque muchas personas reaccionan a mi postura en este tema, diciendo que es un modo incivilizado de criar al niño, yo creo que es una manera bíblica de lidiar con ciertos problemas. No ha de ser la única forma de disciplina, ni tampoco debe utilizarse en todas las situaciones, pero es una de las herramientas que producirá resultados piadosos si se utiliza adecuadamente.

Dar una azotaina no se trata de que las personas grandes castiguen a las pequeñas por no obedecer sus reglas. No es para dar a los adultos la oportunidad de reivindicarse a sí mismo ante esas personas mucho más pequeñas que tienen voluntad propia. La disciplina adecuada debe realizarse en humildad y en amor, y la meta es ayudar a refinar los valores y el enfoque del niño.

Creo que la mayoría de nosotros estaríamos de acuerdo en que el verdadero problema en este asunto es *quien da los azotes*. Los abusos cometidos en nombre de la disciplina han marcado a una generación;

pero quienes fueron criados sin disciplina (que incluye las azotainas) no tienen brújula que los guíe. Pierden el sentido de dirección y enfoque porque se les dejó que fueran ley para sí mismos.

El siguiente versículo sobre *visión* es muy conocido, y por un buen motivo; pero la parte más asombrosa de este versículo es que sigue a tres versículos sobre corrección y disciplina, de lo cual también hablaremos en breve. Este versículo nos da, en cierto sentido, el resultado de crecer sin corrección: "Donde no hay visión, el pueblo se extravía; ¡dichosos los que son obedientes a la ley!" (Proverbios 29:18, NVI). La disciplina, utilizada correctamente, ayuda a refinar el propósito y la visión en una persona. Destruye la inclinación en el niño hacia la despreocupación y la torpeza, y produce límites piadosos. Nunca debería utilizarse con enojo. Siempre es para el beneficio y bienestar del niño.

Aunque dar azotainas no es la única manera de formar a nuestros hijos, ha de ser parte de la caja de herramientas que utilizamos para moldearlos. Para asegurarme de que mi corazón era recto al aplicar este tipo de corrección a mis hijos, muchas veces los enviaba a su cuarto mientras yo tomaba algunos minutos para orar. Aborrecía darles una azotaina; nunca era un placer. Y aunque mi dolor no estaba en el mismo lugar que el dolor de mis hijos, sigo doliéndome profundamente por ellos. Puedo decir con sinceridad que no daba azotainas a mis hijos con enojo. Aprendí desde muy pronto a responder y no reaccionar.

La disciplina necesita ser una ocasión, no un arrebato. La verdadera disciplina toma tiempo. Es muy fácil fallar en este punto, ya que los niños nunca desobedecen en un momento conveniente. Tal vez sea cuando han llegado invitados a la casa, o quizá mientras estamos en el supermercado. El punto es que, por lo general, ellos saben cuándo y dónde pueden conseguir lo que quieren sin sufrir dolor.

Eso significa que tenemos que aprender sabiduría a la hora de lidiar con nuestros hijos, independientemente de dónde estemos. Ser incomodados ha causado que muchos padres se muevan con enojo, porque un niño puede arruinar toda una noche al tener invitados en la casa. Quizá algunos otros padres se mueven hasta el otro extremo y permiten al niño desobedecer sin recibir reprensión. Pero si yo no respondo cuando es difícil, esa raíz de independencia ilegítima crecerá más profundo, y requerirá acciones más serias posteriormente. Toma el tiempo necesario para hacer las cosas correctamente, pues te ahorrará decepción y dolor más adelante.

## EL ENTRENAMIENTO QUE NUNCA QUISIMOS

Muchos padres utilizan reacciones emocionales que se manifiestan como enojo y gritos a sus hijos para que obedezcan. Los padres se quejan porque un niño no escucha, y señalan que solamente cuando gritan es cuando el niño responde. Eso se debe a que el padre o la madre ha entrenado al niño de esa manera.

Los niños aprenden que no siempre tienen que hacer lo que nosotros decimos, porque su desobediencia no es seguida por disciplina. Es seguida por nuestro enojo. Por ejemplo, si yo le digo a Juanito que recoja sus juguetes y él no lo hace, entonces tiene que haber alguna acción por mi parte. El padre o la madre típicos levantan la voz cuando Juanito no hace lo que le dijeron, diciéndole que tendrá problemas si no obedece. Algunos padres contarán hasta diez para darle a Juanito una oportunidad de obedecer. Eso lo entrena para ignorar las indicaciones y, en cambio, responder a la acumulación de enojo o amenazas. Y aun así, Juanito no recoge los juguetes. Solamente cuando su papá o su mamá se frustran y gritan a Juanito, es cuando él sabe que las palabras en voz tan alta están a punto de ser respaldadas con acciones.

Este proceso le enseña a Juanito a no obedecer las palabras sino a nuestro volumen de voz o nuestro estado emocional. Él sabe que siempre se intensifica antes de que realicemos alguna acción para respaldar lo que ordenamos. Los niños quieren evitar el acto de la disciplina si es posible. El problema es que la necedad está ligada al corazón del niño, y hay que tratar eso. Los niños quieren hacer las cosas a su manera todo el tiempo que puedan. Nuestra falta de acción los entrena para responder a las emociones y no a las palabras; sin embargo, en la mayoría de los casos una semana de hablar con calma y dar instrucciones claramente producirá un cambio en el hogar, si las instrucciones de los padres son seguidas inmediatamente por la acción. No se necesita mucho tiempo para recalibrar a un niño para que valore lo que decimos en lugar de reaccionar a nuestras emociones.

Es importante entender que nunca es demasiado tarde para comenzar a educar al niño intencionalmente. Si tus hijos son mayores (preadolescentes o más) y no has sido un papá o una mamá intencional, siéntate y ten una conversación abierta con ellos. Diles: "No he hecho lo que debería como padre. No lo sabía, y ahora estoy intentando hacer cambios porque creo en ustedes, y quiero que tengan éxito en la vida". Y habla sobre establecer límites nuevos y necesarios. Los niños de cualquier edad tienen una necesidad innata de tener límites; quieren explorar con seguridad. Intenta llegar a cierto entendimiento de lo que funciona bien para tus hijos a sus edades actuales. Comienza con honor, y con recompensa por hacer lo correcto, pero deja claro que habrá consecuencias por hacer lo equivocado. Inclínate hacia cosas positivas, pero establece también consecuencias para las malas decisiones. Y después responde a tus hijos, en lugar de reaccionar emocionalmente como tu método por defecto de educación de los hijos. Eso cambiará la atmósfera de toda tu casa.

## MI PROCESO PERSONAL PARA LA DISCIPLINA

Siempre que era necesaria la disciplina en nuestro hogar, era responsabilidad mía. Nunca quise que Beni tuviera que lidiar con eso si yo estaba en casa. Este era el procedimiento que seguía:

- Enviaba a mis hijos a su cuarto cuando se requería disciplina. Dependiendo de su edad y rango de atención, les daba desde dos hasta veinte minutos para pensar en lo que habían hecho mal. Durante ese tiempo, yo oraba para asegurarme de que estaba en un lugar correcto para corregir por causa de ellos y no por mí mismo. Quería mejorar sus vidas mediante la disciplina, no castigarlos.

- Entonces iba a su cuarto y hablaba con ellos de lo que habían hecho mal. Hubo veces en las que descubrí que yo no les había comunicado nuestras expectativas claramente. Si ese era el caso, hablaba de la situación con ellos para asegurarme de que ahora entendían lo que se requería de ellos. Nunca había ninguna forma de castigo en esa situación. Pero después de aquel momento me aseguraba de buscar un cambio en su conducta cuando salíamos del cuarto.
- Si era un asunto del corazón, como una mala actitud, les daba tiempo para solucionarlo mientras estaban en su cuarto. Si yo sentía que su arrepentimiento era genuino, volvíamos de nuevo con el resto de la familia. Si no, yo respondía retirándoles privilegios, o dándoles más tiempo si pensaba que eso daría fruto.
- Nuestros hijos siempre tenían que apropiarse de la responsabilidad por lo que habían hecho mal. Si habían ofendido a alguien, tendrían que disculparse y hacerse plenamente responsables de sus acciones. Nunca se les permitía decir algo como "lo siento por mi parte en la discusión". El verdadero arrepentimiento no acusa a otros. Siempre que fuera posible, tenían que solucionar las cosas con la otra persona. Recuerdo que uno de mis hijos se disculpó con su amigo, y después siguió eso disculpándose incluso con el papá de su amigo, para así poder hacerse plenamente responsable de sus acciones.
- Si era apropiado dar una azotaina, me aseguraba de que fuera un evento y no un golpe con la mano. Era necesario tiempo para que fuera eficaz, y eso significaba que tenía que alejarme de amigos o actividades en las que estuviera participando para hacerlo correctamente. Utilizaba una cuchara de madera para dar una azotaina, y nunca mi mano. Las manos son para mostrar afecto, afirmación y amor.

- Algunas veces daba corrección quitándoles privilegios. Y otras veces les daba responsabilidades añadidas.
- No corregía a los niños delante de sus amigos. La vergüenza no era parte del trato. Incluso les permitía quedarse en su cuarto durante algunos minutos después de recibir una azotaina, para que no se sintieran avergonzados delante de sus hermanos.

Sucedía una de las cosas más notables siempre que tenía que disciplinar a mis hijos. El niño al que había disciplinado casi siempre llegaba a sentarse en mi regazo después del tiempo que habíamos pasado en su cuarto. Yo nunca requería eso, pero mis hijos sabían que los amaba más que a nada. Nunca volvíamos a sacar a relucir el problema que había causado la disciplina. Cuando ellos se apropiaban de un error y solucionaban las cosas, eran tratados como si aquello no hubiera sucedido. Toda nuestra familia era responsable de llevar a cabo el acto del perdón con el miembro de la familia que había sido corregido.

## MI ARREPENTIMIENTO

Recuerdo que en varias ocasiones tuve que arrepentirme con mi familia. Si yo era rudo o impaciente hacia uno de los miembros de la familia, era mi turno de arrepentirme. Siempre que esto era necesario, yo mencionaba específicamente lo que había hecho mal. Recuerdo una ocasión en particular cuando un conductor se acercó a centímetros de mi auto mientras yo conducía por las calles de Santa Cruz, California. Mis padres vivieron allí por muchos años, y tomábamos una o dos semanas de nuestras vacaciones para quedarnos con ellos cada verano en lo que llamábamos el Johnson Hilton. Era muy divertido para todos nosotros.

Aquel conductor en particular, sin embargo, no sentía ningún interés en absoluto por nosotros. Si hubiera visto lo que hizo mal y hubiera reconocido de algún modo que había cometido un error, no habría sido un problema. Pero él no lo hizo. Yo me enojé mucho por su falta de consideración por el bienestar de mi familia y de nuestro vehículo. No grité ni dije cosas que después lamentaría; pero estaba enojado, y dejé que el claxon de mi auto fuera quien hablara. Lo fundamental fue que mi enojo fue muy irresponsable. Recuerdo dirigirme a mi familia cuando terminó ese episodio y confesar cuán equivocado estaba por haberme enojado.

Después de haber confesado, mi hijo Eric dijo: "Sí, papá. ¡Realmente metiste la pata!".

Él tenía razón. No fue irrespetuoso cuando lo dijo; fue sincero, lo cual valoramos mucho en nuestros hijos.

Siempre que yo necesitaba arrepentirme con mi familia, después les pedía que oraran por mí. Ellos sabían que lo único que yo quería era honrar a Dios, lo cual no había hecho en ese momento. Sus oraciones por mí eran muy dulces y perdonadoras mientras ponían sus manos sobre su papá, quien confesó haber estado equivocado.

Si yo no lidero mediante el ejemplo en hacer lo correcto, entonces quiero liderar mediante el ejemplo en el arrepentimiento.

## PERSPECTIVAS DE PROVERBIOS SOBRE LA DISCIPLINA

El libro de Proverbios está lleno de perspectiva y sabiduría sobre el tema de la disciplina. A continuación tenemos algunos proverbios sobre la disciplina que son demasiado buenos para pasarlos por alto.

> El que detiene el castigo, a su hijo aborrece; mas el que lo ama, desde temprano lo corrige. Proverbios 13:24

El amor siempre escoge lo mejor, y esto es especialmente cierto con la disciplina, ya que el amor mira al futuro y abraza la acción que beneficiará al niño a largo plazo. Ternura y humildad son rasgos esenciales a la hora de ejercer disciplina. De otro modo, podemos ser culpables de provocar a ira al niño, lo cual está prohibido (ver Efesios 6:4).

Está bastante claro que Dios nos castiga por amor. Nosotros, entonces, debemos hacer lo mismo con gran diligencia. Hay necedad en el corazón del niño, y es la vara de la disciplina la que produce liberación:

> La necedad está ligada en el corazón del muchacho; mas la vara de la corrección la alejará de él. Proverbios 22:15

La vara desata lo que está atado o ligado. Todos queremos que crezcan con sabiduría; pero ignorar la disciplina debido a la conveniencia o la sabiduría de la época es hacer que nuestros hijos tengan que aprender a lidiar con esos problemas más adelante en la vida, cuando sean más difíciles de procesar.

En este pasaje descubrimos que la disciplina puede rescatar el alma del niño:

> No rehúses corregir al muchacho; porque si lo castigas con vara, no morirá. Lo castigarás con vara, y librarás su alma del Seol.
> Proverbios 23:13-14

Una vez más, esta disciplina no se lleva a cabo con enojo o reivindicación, pues eso solamente alimenta la necedad del niño, creando hostilidad en el interior que puede endurecer su tierno corazón. Pero si nuestra disciplina se realiza correctamente, puede rescatar al niño de las horrorosas circunstancias de la vida. Vale la pena a largo plazo.

La vara de corrección no solo quita la necedad del niño; también puede dar sabiduría:

> La vara y la corrección dan sabiduría; mas el muchacho consentido avergonzará a su madre. Cuando los impíos son muchos, mucha es la transgresión; mas los justos verán la ruina de ellos. Corrige a tu hijo, y te dará descanso, y dará alegría a tu alma.
> Proverbios 29:15-17

Un niño que es criado en la disciplina del Señor de manera saludable terminará dando consuelo a sus padres, causando un gran gozo a sus corazones. Uno de los grandes desastres en un hogar es ver a los hijos salirse con la suya. Un enfoque tan cobarde en la educación de los hijos engendra que se sientan con derechos y también la necedad absoluta en ellos.

## TIERNO CUIDADO

Me encanta Proverbios 29:21, que describe el tierno cuidado que debemos dar a nuestros hijos: "El siervo mimado desde la niñez por su amo, a la postre será su heredero". Este tipo de cuidado es tan poderoso que incluso puede tomar a un siervo y convertirlo en un hijo o hija. Realmente es destacable, ya que el poder del tierno cuidado transforma la identidad de siervos en hijos.

"Sed, pues, imitadores de Dios como hijos amados" (Efesios 5:1). Los niños imitan a sus padres. Darles un modelo a seguir y copiar, es crucial. Ser para ellos el ejemplo de cómo vivir la vida es uno de nuestros mayores privilegios. Esto no significa que debamos ser perfectos; pero incluso en nuestros errores ellos pueden aprender de nosotros. Mi amigo Shawn Bolz dice que Dios permite que nuestros amigos más cercanos vean nuestras idiosincrasias para que así sepan siempre que cuando Dios nos usa, es siempre por gracia. Si alguna vez esa verdad se aplicara a un contexto específico, tiene que ser en el hogar. Enseñamos mediante el ejemplo la belleza de la gracia.

Este pasaje siguiente, escrito a la iglesia en Tesalónica, utiliza el lenguaje de la familia para comunicar su mensaje. Pablo quería revelar su afecto y su tierno corazón hacia los creyentes allí, utilizando el lenguaje que una mamá o un papá utilizarían:

> Antes fuimos tiernos entre vosotros, como *la nodriza que cuida con ternura a sus propios hijos*. Tan grande es nuestro *afecto por vosotros*, que hubiéramos querido entregaros no sólo el evangelio de Dios, sino también nuestras propias vidas; porque *habéis llegado a sernos muy queridos*. Porque os acordáis, hermanos, de nuestro trabajo y fatiga; cómo trabajando de noche y de día, para no ser gravosos a ninguno de vosotros, os predicamos el evangelio de Dios. Vosotros sois testigos, y Dios también, de *cuán santa, justa e irreprensiblemente nos comportamos con vosotros los creyentes*; así como también sabéis de qué

modo, *como el padre a sus hijos, exhortábamos y consolábamos a cada uno de vosotros,* y os encargábamos que anduvieseis como es digno de Dios, que os llamó a su reino y gloria.

1 Tesalonicenses 2:7-12, énfasis añadido

Pablo utilizó palabras como *ternura, afecto, queridos, irreprensiblemente,* y *exhortar y consolar* para describir su valor por aquellos creyentes. Pero acude al entorno familiar para revelar su corazón. Estas son las palabras que describen el papel privilegiado de los padres a la hora de cuidar y servir a sus hijos.

## HIJOS TIERNOS, TRATO TIERNO

En nuestro hogar, Leah fue siempre la que tenía un corazón muy tierno. Una vez, mientras yo estaba de viaje ministerial, Beni la encontró llorando. Cuando le preguntó por qué lloraba, Leah dijo que era por lo mucho que yo la extrañaría. Antes de salir de viaje, yo había hecho saber a Leah que la extrañaría mucho. ¡Quizá me sobrepasé! Ella se interesaba mucho por cómo me sentía y pensaba yo. Valores como la ternura de corazón y la empatía recorren un largo camino en inspirar obediencia delante de Dios y de los hombres.

Leah era a quien yo podía disciplinar generalmente con mis ojos. Literalmente. Si la miraba y su actitud no era la que debería ser, ella se derretía y lo solucionaba.

Cada hijo es único y debería ser tratado en consecuencia. La sabiduría es, una vez más, la parte más esencial de nuestra caja de herramientas. Nos ayuda a reconocer la necesidad y el proceso deseado para llevar a cabo los propósitos de Dios.

## FORMAR ADULTOS

Recuerda: estamos formando hijos para que sean adultos y futuros padres. Estos son los adultos que más nos importarán en los años venideros. Tener relaciones significativas con nuestros hijos mientras son jóvenes, y colaborar con ellos para su éxito en el futuro, marcará toda la diferencia del mundo a medida que llegan a la edad adulta. Esto en sí mismo establece un caso para la disciplina piadosa.

Tener hijos adultos a los que respetamos, honramos y celebramos no tiene precio. Yo celebro a Eric, Brian y Leah como hijos míos. Ellos me producen más gozo y alegría de lo que posiblemente podría haberme ganado en un millón de vidas. Pero también les doy honra por quienes ellos son. Quienes son y en lo que se han convertido me conmueve más allá de lo que las palabras pueden expresar.

# 8

# ENTRENADO PARA CONOCER A DIOS

Nuestros hijos se criaron con la rutina de asistir a las reuniones colectivas de los domingos. La iglesia era un lugar de interacción social, y a ellos les encantaba estar con sus amigos. Estoy seguro de que eso ayudaba a hacer de ello algo que todos esperaban que llegara; pero algunas veces tenerlos sentados durante un sermón o que participaran en la adoración era un reto. Desde luego, trabajábamos para hacer que las reuniones fueran beneficiosas para todos, pero, por lo general, un niño preferiría estar afuera jugando que tener que estar sentado durante una reunión. Lo mismo podría decirse de muchos adultos. Si no tenemos un apetito por lo que sucede en esas reuniones, la asistencia se considera una obligación, algo que hay que soportar. "El hombre saciado desprecia el panal de miel; pero al hambriento todo lo amargo es dulce" (Proverbios 27:7). Este versículo significa que las personas que están saciadas ni siquiera aprecian los lujos de la vida, pero quienes tienen hambre (viviendo conscientes de la necesidad personal) atesoran las cosas más pequeñas. Esto se aplica a lo espiritual al igual que a lo natural.

En la iglesia que pastoreábamos en Weaverville decidimos que nuestros hijos estuvieran con nosotros en la adoración, y después los enviábamos a su programa especial, que disfrutaban mucho. No había actividades especiales para niños durante nuestros servicios de la noche. Los niños estaban sentados con nosotros todo el tiempo. Decidimos recompensar a nuestros hijos siempre que participaban en la adoración, y no había ninguna recompensa si no lo hacían. De hecho, había alguna medida de corrección, especialmente si se portaban mal. Si adoraban, les comprábamos helado, que desde luego les encantaba. Sé que están quienes criticarían este tipo de crianza, llamándola *soborno*. Nosotros lo llamábamos *recompensa*. El concepto bíblico que usábamos viene de Hebreos 11:6: "Pero sin fe es imposible agradar a Dios; porque es necesario que el que se acerca a Dios crea que le hay, y que es galardonador de los que le buscan".

Nuestro mal entendimiento del tema de la recompensa ha debilitado nuestra comprensión y práctica de la fe. Algunos dicen neciamente que no les interesan las recompensas; pero la recompensa es un concepto bíblico que revela la naturaleza de Dios nuestro Padre. Nosotros debemos ajustarnos a Él, y no reducirlo a que se parezca a nosotros.

## REUNIÓN Y SERVICIO

Las reuniones colectivas eran una parte importante de quiénes éramos nosotros como familia. Nuestros hijos se criaron sabiendo que ciertas cosas no eran negociables. Unirse a la familia de la iglesia para tiempos colectivos de adoración era una de esas cosas. Descubrimos que los niños se beneficiaban de lo que estaba sucediendo, incluso cuando eran muy pequeños y parecía que no prestaban atención. Los niños captan las cosas espirituales con bastante facilidad, incluso cuando están jugando con juguetes o dibujando. Lo lamento por los niños cuyos padres les permiten decidir si quieren asistir a la iglesia. Dejan pasar la disciplina de hacer lo correcto cuando se tiene ganas de hacerlo y también cuando no; y, sobre todo, se pierden estar expuestos a la atmósfera que les ayuda a construir un sistema de valores interior en el que el hombre espiritual es entrenado.

> Y considerémonos unos a otros para estimularnos al amor y a las buenas obras; no dejando de congregarnos, como algunos

tienen por costumbre, sino exhortándonos; y tanto más, cuanto veis que aquel día se acerca. Hebreos 10:24-25

Hemos de pensar, intencionadamente, sobre cosas concretas. Estimularnos unos a otros para servir bien a Dios en la reunión colectiva es una de las expresiones de esta mente renovada. No reunirnos juntos se ha convertido en un hábito para algunos, cuando Dios quiso que desarrolláramos el hábito de reunirnos. Reunirnos nos da la oportunidad de dar aliento a todos. Algunos creen que libertad significa desconsideración por todas las tradiciones y hábitos, y hacer lo que nos parece bien en el momento. Los niños que son criados en ese ambiente no están preparados para vivir en el mundo real y probablemente nunca vencerán a sus gigantes.

## LOS NIÑOS Y EL ESPÍRITU SANTO

Escuché una interesante historia de una querida amiga y santa experimentada: Iverna Tompkins. Ella mencionó que cuando el Espíritu de Dios se estaba moviendo con poder en una reunión, indicaban a los padres que fueran a recoger a sus hijos de las clases de los niños, pues llevar a los niños a esa atmósfera santa tiene un gran impacto en ellos. Aprenden los caminos de Dios y aprenden a reconocer su presencia. Este es uno de los mayores regalos que podemos dar a nuestros hijos: exposición a la gloria de Dios.

"Y aconteció que cuando oyó Elisabet la salutación de María, la criatura saltó en su vientre; y Elisabet fue llena del Espíritu Santo" (Lucas 1:41). Elisabet era la madre de Juan el Bautista. María, claro está, era la madre de Jesús. Cuando Juan y Jesús estaban aún en los vientres de sus madres, sucedió algo extraordinario. María entró en la habitación y saludó a Elisabet; cuando lo hizo, Juan saltó en el vientre de Elisabet. Consideremos lo siguiente: cuando el Hijo de Dios entró en la habitación, aunque estaba aún en el vientre de su madre, otro bebé reconoció su presencia y respondió con alegría. También Elisabet fue llena con el Espíritu Santo por medio de la experiencia.

Esta historia demuestra la capacidad de los niños de reconocer al Espíritu Santo. No subestimemos lo que los niños pueden discernir, reconocer, y beneficiarse de ello. Tengamos en mente también que algunos niños tienen sensibilidades poco usuales. No descartemos eso ni dejemos que nos asombre. Presta atención cuando tus hijos tengan encuentros con el Señor que sean inusuales, o cuando tengan un nivel de experiencia en el ámbito espiritual que tú no estés teniendo. Haz preguntas, y ayuda a conducirlos a un lugar de verdadera confianza en Dios por medio de eso. El Señor realmente honra su inocencia y su infantilidad. Valora esa gracia inusual y ese don en las vidas de tus hijos.

## EL MUCHACHO SAMUEL

Uno de los principios que aprendí temprano en mi vida de crianza de los hijos viene de la historia del sacerdote Elí y el muchacho Samuel. Ana era una mujer estéril que estaba desesperada por tener un hijo. Ella oró de un modo tan profundamente emocional que Elí pensó que estaba borracha, pero lo que él vio fue su desesperación. En ese tipo de posición desesperada realmente no importa lo que piensen los demás. Cuando Elí reconoció la autenticidad de su oración, le anunció que tendría un hijo. Ana puso al niño el nombre de Samuel, y después entregó de nuevo su hijo a Dios, llevándolo al templo para vivir y servir con Elí en el ministerio:

> Por este niño oraba, y Jehová me dio lo que le pedí. Yo, pues, lo dedico también a Jehová; todos los días que viva, será de Jehová. Y adoró allí a Jehová. 1 Samuel 1:27-28

Ana entregó algo en cierto modo similar a Abraham, en cuanto a que Samuel era el cumplimiento de una promesa que Dios le hizo a ella, del mismo modo que Isaac era el cumplimiento de una promesa a Abraham. Dios le recompensó en consecuencia, y ella tuvo otros tres hijos más.

Elí formó a Samuel en la presencia del Señor, y el muchacho aprendió las obligaciones sacerdotales desde temprana edad: "Y el joven

Samuel ministraba en la presencia de Jehová, vestido de un efod de lino" (1 Samuel 2:18). Estaba vestido con ropas sacerdotales, pues el sacerdocio había de ser su tarea en la vida. Pero la segunda vez que la Biblia menciona que Samuel ministraba al Señor, dice que escuchar de Dios de alguna manera escaseaba en aquellos días: "El joven Samuel ministraba a Jehová en presencia de Elí; y la palabra de Jehová escaseaba en aquellos días; no había visión con frecuencia" (1 Samuel 3:1). El trasfondo de la historia es que debido a la rebelión de los hijos de Elí, la voz del Señor fue apartada de quienes estaban en el ministerio.

En ese momento, cuando escuchar de Dios era poco frecuente, sucedió algo. Samuel oyó algo, y corrió a la habitación de Elí en mitad de la noche porque pensó que Elí lo había llamado. Elí le dijo que regresara a la cama. Volvió a suceder lo mismo, y Elí respondió del mismo modo. Y entonces otra vez. Pero cuando eso sucedió por tercera vez, Elí entendió que podría ser Dios, y le dio instrucciones a Samuel sobre qué decir y hacer si Dios volvía a hablar una vez más. Dios sí habló, y se formó un profeta. Samuel oyó la voz del Señor y respondió con un corazón de rendición, manifestado mediante la obediencia.

Aquí está la parte de la historia que realmente conmovió mi corazón: antes de que Dios hablara esa cuarta vez, la Biblia dice de Samuel: "Y Samuel no había conocido aún a Jehová, ni la palabra de Jehová le había sido revelada" (1 Samuel 3:7). De repente estuvo claro para mí que Samuel ministraba al Señor, pero todavía no lo conocía. Hacía lo que se suponía que debía hacer simplemente porque era lo correcto. Nosotros hemos de enseñar a nuestros hijos lo que es ministrar al Señor y servirlo de todo corazón, del mismo modo que Elí enseñó a Samuel; sin embargo, debemos ser conscientes de que algunas veces estamos formando a los niños en el modo de hacer algo que ellos no entienden todavía. No fue hasta que Dios habló al muchacho Samuel una cuarta vez cuando se formó una relación. De repente, toda la formación, todos los tiempos en la presencia con servicio práctico y adoración tuvieron sentido.

El principio me resulta muy claro: debemos enseñar a los niños las maneras de amar a Dios, las maneras de adorar y las maneras de la devoción personal. No es formarlos en la hipocresía; en cambio, es crear un ímpetu que tendrá sentido cuando ellos tengan su encuentro personal con Dios. Creo personalmente que este tipo de formación atrae la voz de Dios a sus vidas a temprana edad. Es lo que nosotros hacemos como padres; los preparamos para su destino en Dios.

Nuestro hijo mayor, Eric, es ahora el pastor principal de la Iglesia Bethel. Recientemente predicó un mensaje a nuestra congregación en el que mencionó que cuando era niño recibía helado por adorar a Dios. Desde luego, todos se rieron ante la idea, pero de modo muy alentador. Entonces mencionó que un día lo entendió, y que adoraba a Dios de veras y no solo por el helado. Es hermoso. Ayudamos a crear un ímpetu que Dios honra con un encuentro. Y esos encuentros lo cambian todo.

## FORMAR REALEZA

Una de mis historias favoritas en la Biblia se trata de Salomón. Él no estaba ni calificado ni preparado para convertirse en el rey de Israel, pero al menos lo sabía. Cuando Dios lo visitó en la noche y le ofreció la oportunidad de pedir cualquier cosa que quisiera, Salomón supo lo suficiente para pedir sabiduría (ver 1 Reyes 3:1-15; 2 Crónicas 1). Esta es una historia clásica, ya que ese tipo de momentos con Dios eran los menos frecuentes de todos los dones de Él.

El vencedor de gigantes mismo crio a Salomón. David, *el hombre conforme al corazón de Dios*, parecía carecer de habilidades paternales con muchos de sus hijos y sufrió historias de terror con Absalón y sus hermanos. Este problema sigue existiendo en la actualidad. Algunas personas son estupendas en algunas cosas, pero fracasan miserablemente en el hogar. Por fortuna, no se nos requiere sacrificar a la familia para llegar a ser grandes en otras cosas. Tenemos que abrazar con intencionalidad el privilegio de tener una familia.

Sin embargo, algo fue diferente para David con Salomón. Crio a Salomón teniendo en mente destino y propósito. Tal visión puede abrirnos para recibir la sabiduría que necesitamos para esta tarea. Salomón describió su formación con David:

> Porque yo también fui hijo de mi padre, delicado y único delante de mi madre. Y él me enseñaba, y me decía: Retenga tu corazón mis razones, guarda mis mandamientos, y vivirás. Adquiere sabiduría, adquiere inteligencia; no te olvides ni te apartes de las razones de mi boca; no la dejes, y ella te guardará; ámala, y te conservará. Sabiduría ante todo; adquiere sabiduría; y sobre todas tus posesiones adquiere inteligencia. Proverbios 4:3-7

David plantó semillas de hambre de sabiduría en su hijo Salomón, quien menciona la instrucción de su padre hacia él en estos versículos. Salomón afirma que cuando era un hijo para David, y el único hijo de su madre, que era Betsabé, su padre le dio estas palabras de instrucción. Y eso es correcto. Él fue uno de muchos hijos de David, pero era el único hijo de Betsabé. El otro hijo que ella tuvo había sido concebido en el adulterio de David con ella, y ese niño había muerto después de nacer.

En este cuarto capítulo de Proverbios, Salomón afirma que su padre, David, le enseñó lo que era importante en la vida. Le enseñó cómo deberían ser sus prioridades, y el precio que debería estar dispuesto a pagar para obtener el invaluable don de la sabiduría de Dios. La sabiduría es el gran premio. Y muy parecido a lo que sucede con el Reino de Dios, cuando se busca este premio como una prioridad, todas las otras cosas en la vida se añaden como una bendición. Sin duda funcionó de este modo para Salomón. No tropieces ante el hecho de que las cosas no terminaron bien para él. La sabiduría solamente funciona cuando se utiliza. Salomón rechazó su propia enseñanza y consejo, pero aun así sigue valiendo la pena estudiar sus éxitos, que están entre los más asombrosos en toda la Biblia.

Como padres, preparamos a nuestros hijos con nuestra enseñanza. Instruirlos agresivamente carga con una importancia profética, porque los prepara para tomar decisiones a las que puede que no hubieran tenido acceso sin nuestra instrucción. Me pregunto si quizá Salomón es el único a quien se le dio la opción del *puedes tener cualquier cosa que quieras* porque él era el único que estaba preparado para tomar tal decisión. David lo formó teniendo su destino en mente. Nosotros preparamos a nuestros hijos mediante la oración, la enseñanza y el aliento, y después tenemos el privilegio de observar a Dios responder a su preparación con oportunidades que de otro modo ellos tal vez no habrían tenido.

Padres, tenemos el privilegio de formar a nuestros hijos para la grandeza. Cuando abrazamos los valores que les enseñamos, eso recorre un largo camino en capacitarlos para aprender de nosotros. Cuando vivimos lo que enseñamos, enseñamos con autoridad y no solo damos información. Nuestros hijos pueden obtener información en un libro, pero solo pueden recibir lo que un padre o una madre pueden impartirles cuando nosotros, como padres, lo vivimos, lo enseñamos, y lo profetizamos a las vidas diarias de nuestros hijos.

## COSTO Y RECOMPENSA

Los hijos de pastores son conocidos por ser problemáticos. Beni y yo luchamos duro para proteger a nuestros hijos de presiones innecesarias que podrían añadir sus nombres a esas estadísticas. Por fortuna, nuestra congregación no añadió expectativas poco sanas que algunas veces quiebran al niño, creando resentimiento y resistencia a todas las cosas referentes a la iglesia.

Aunque nosotros luchamos por ellos, nuestros hijos aun así tuvieron que pagar un precio por quién era yo. Y yo no podía controlar el precio que ellos tuvieron que pagar; pero lo que sí podía controlar era la recompensa que recibían por ser mis hijos. Algunas personas lo llaman nepotismo, pero en realidad no importa lo que otros piensen o digan. Ellos son mis hijos, y debo pelear por su éxito y no sacrificarlos sobre el altar de la opinión pública. Yo sufriría alegremente por ellos cuando fuera posible.

Por esta razón, yo buscaba oportunidades para bendecir a nuestros hijos debido a mi posición. Por ejemplo, si yo era orador en una conferencia, llevaba conmigo a Beni y los niños para que pudieran nadar en la piscina todo el día o ir de compras. Si necesitábamos contratar a alguien para que limpiara las oficinas, yo daba a uno de mis hijos la oportunidad de hacerlo primero. Es sencillo. Pero también es poderoso cuando llegamos a ver lo que les sucede a los niños que se crían sin resentimiento hacia la iglesia y, en cambio, la celebran.

## DAVID BUSCÓ RECOMPENSA

Una de las historias más interesantes en la Biblia tiene que ver con David y Goliat. Lo que me fascina de esta historia es la respuesta de David. Sabemos que David terminó matando al gigante, pero lo que me ha inspirado y desafiado es cómo evolucionó este escenario.

David era un joven pastor de ovejas. Sus logros eran asombrosos. Mató a un león y a un oso cuando intentaron atacar y robar las ovejas; los mató cuando nadie estaba mirando, de modo que Dios pudo confiar en él para que matara a Goliat cuando todos estaban mirando. Esto es fundamental para entender y celebrar las victorias de nuestros hijos. Siempre conducen a cosas mayores, y esa es la naturaleza de Dios y de su Reino: Él va solamente de gloria en gloria.

El papá de David le pidió que llevara alimentos a sus hermanos que estaban en la primera línea de batalla. Cuando él lo hizo, vio que Goliat estaba allí, desafiando a los ejércitos de Dios. Eso ofendió a David, porque él era celoso por el nombre del Señor, un celo que solo puede obtenerse en una relación. David era verdaderamente un adorador que cuidaba ovejas para la gloria de Dios.

Eliab, el hermano mayor de David, apareció en escena y se enojó al ver a David. Fue una reacción extraña a la presencia de su hermano menor. Lo acusó de irresponsabilidad y de tener motivos erróneos (como mencioné antes, mantente alejado de pensar que puedes ver los motivos de otra persona. Solo Dios conoce el corazón. Si puedes ayudar a tus hijos a aprender eso, protegerá sus corazones y mentes de tormento y angustia toda su vida). La reacción de Eliab dice más de él que de David. Como todos los demás en el ejército, Eliab estaba aterrado de Goliat, y necesitaba a alguien a quien culpar de su cobardía. David era el blanco más fácil, especialmente cuando Eliab oyó que su hermano pequeño preguntó sobre la recompensa. Es importante recordar que las reacciones odiosas de otros hacia nosotros o nuestros hijos hablan muy alto sobre esas personas, no sobre nosotros.

David respondió a la acusación de Eliab preguntando: "¿Qué he hecho yo ahora? ¿No es esto mero hablar?" (1 Samuel 17:29). Y pasó a preguntar otra vez sobre la recompensa: "Y apartándose de él hacia otros, preguntó de igual manera; y le dio el pueblo la misma respuesta de antes" (versículo 30).

Aquí está la parte de esta historia que ha desafiado mi pensamiento: David preguntó al menos dos veces cuál era la recompensa por matar a Goliat. Y hay una buena posibilidad de que también la escuchara cuando se anunció por primera vez, pues él ya estaba allí. ¿Por qué es tan importante esto? A David le interesaba la recompensa. Oyó cuál era al menos dos veces, y posiblemente tres veces. Aunque él fue provocado a celos por el nombre del Señor, también tenía en mente la economía de Dios, en la que las personas reciben recompensas.

Aquí está la recompensa que motivó a David a prestar atención a sus convicciones sobre las blasfemias pronunciadas por Goliat: "Al que le venciere, el rey le enriquecerá con grandes riquezas, y le dará su hija, y eximirá de tributos a la casa de su padre en Israel" (1 Samuel 17:25). La ganancia personal se ha catalogado como maldad, especialmente en una época en la que los celos hacia quienes son bendecidos están en lo más alto. Es realmente enfermizo que ahora los celos se etiqueten a menudo como una virtud que se llama, claro está, con otros nombres. Se denomina "justicia", "igualdad" y "derechos humanos", por nombrar algunos. Tal necedad crea creyentes que se creen con derechos y que saben poco sobre pagar un precio por la madurez. Pero Dios recompensa esa madurez. Los regalos son gratuitos; la madurez es costosa.

## LA DEBILIDAD DE LA JUSTICIA

Nosotros nunca permitíamos a nuestros hijos decir: "¡Eso no es justo!". Respondíamos: "La vida no es justa. Tendrás que aprender a responder cuando las cosas no salgan del modo que tú pensabas que saldrían". Queríamos que ellos se hicieran responsables de sí mismos, de sus acciones y de sus reacciones para que pudieran aprovechar al máximo las oportunidades que solamente Dios podía darles.

Jesús enseñaba en parábolas para ayudarnos a entender cómo opera su Reino. Hay una historia en particular que podría permitirnos ver algo tan diametralmente opuesto al espíritu de la época que nos debemos a nosotros mismos detenernos y prestar atención especial. La parábola habla de un señor que les da algunos talentos a sus siervos (ver Mateo 25:14-30). Los talentos eran una suma de dinero que los siervos debían invertir para su señor. Uno de los siervos recibió cinco talentos, otro recibió dos, y otro uno.

Hay solamente dos partes de la historia de las que necesito hablar. En primer lugar, notemos que no todos recibieron la misma cantidad de dinero para invertir. El señor dio a sus siervos recursos según sus capacidades. Es fundamental observar que no todo el mundo tiene las mismas capacidades, y eso es la misericordia de Dios. Dar responsabilidades iguales a todos aplastaría a quienes no tienen la habilidad necesaria para el éxito.

Los siervos fueron entonces recompensados según su medida de *fidelidad*. Lo segundo que debemos ver es que la fidelidad aumenta nuestra capacidad. Vemos eso en el modo en que el señor aumentó lo que los siervos fieles habían ganado. Las personas tienen igual valor, pero no son iguales en sus dones y responsabilidades. Por fortuna, no hay ningún techo con respecto al potencial de alguien que es fiel y produce aumento para el Rey.

Probablemente la parte más ofensiva de la historia para algunos sería la respuesta de Jesús a aquel que vivió como un siervo cobarde e infiel:

> Respondiendo su señor, le dijo: ... Quitadle, pues, el talento, y dadlo al que tiene diez talentos. Porque al que tiene, le será dado, y tendrá más; y al que no tiene, aun lo que tiene le será quitado.
>
> Mateo 25:26-29

Esta historia arruina la oportunidad de Jesús de ser políticamente correcto. Él está defendiendo quitarle dinero al que tiene menos y dárselo al que tiene más. Si hay alguna cosa que enoja a quienes buscan la igualdad, es esta.

*La igualdad es importante en cuanto a que todos tienen una oportunidad de tener éxito, y todos tienen la oportunidad de recibir recompensa.* Esta historia grita que no hay ninguna limitación para el aumento de nuestro potencial. En realidad, ninguno de nosotros puede controlar dónde comenzamos en la vida; pero sí tenemos una gran influencia sobre dónde terminamos, ya que la recompensa se entrega a los fieles.

Yo trato a mis hijos con igual amor, oportunidades para el éxito, y favor. Eso es mi alegría, ya que los amo a todos por igual. Pero también los amo de modo único ya que son muy diferentes el uno al otro. En una época en la que los niños reciben trofeos de participación por no hacer otra cosa sino estar ahí, necesitamos asegurarnos de que nuestros hijos no sean ignorantes de cómo obra Dios. Yo siempre celebraré los esfuerzos de mis hijos, y ahora de mis nietos, simplemente porque lo intentaron. Simplemente no quiero mostrarme políticamente correcto ocultando el hecho de que Dios sí da recompensas.

Enseña a tus hijos a pensar. La corrección política es el modo que tiene la sociedad de añadir presión para la conformidad. La corrección política es también prueba de que la estupidez es contagiosa. Mantente alejado del pensamiento de rebaño, y acepta los caminos del Reino. Dios valora al individuo y la identidad colectiva. Él los mantendrá seguros a ti y a tu casa de los invasores que desean violar los valores de su mundo que están engranados en nosotros.

Para hacer que esto sea práctico, significa que tengo que estar dispuesto a dar helado a mis hijos que adoran al Señor y no dárselo al que no lo haga. Lo hago sabiendo que el próximo domingo probablemente habrá un cien por ciento de participación. Enseñar a nuestros hijos a entender y vivir en los principios esenciales de amar y servir a Dios da recompensas a largo plazo. Ellos heredan un ímpetu que gana interés a lo largo de los años.

9

# DIRECCIÓN PROFÉTICA

Uno de los valores fundamentales de la fe cristiana es que Dios todavía habla. De otro modo sería imposible que naciéramos de nuevo. Dios nos llamó hacia Él, y nosotros respondimos con entrega.

En ciertas partes de la iglesia suenan las alarmas cuando se saca este tema. La preocupación es que, si Dios habla, entonces eso podría sustituir a la Biblia. Esa preocupación es legítima en parte, ya que algunos se han apartado de la fe adhiriéndose a cualquier voz o impresión que escuchan. Nunca debemos permitir nada que quebrante o sobrepase la norma que ya ha sido dada en la Biblia. La Palabra de Dios es Jesús plasmado en forma de libro. Él es la Palabra, de modo que la Palabra, en consecuencia, debe ser atesorada.

Edificar nuestras vidas, y especialmente nuestros hogares, sobre una opinión subjetiva (en conflicto con la Biblia) no soportará la prueba del tiempo, en especial para quienes desean formar hijos que marquen una diferencia en el mundo. Este debe ser un asunto no negociable. Hay demasiada presión en el hogar para que tengamos cualquier esperanza de un logro significativo sin edificar la familia sobre la Roca. Y esa Roca es Jesucristo, la Palabra de Dios. Todos los logros del Reino provienen de la vida y la fortaleza de su Palabra.

Habiendo dicho eso, afirmo que Dios todavía habla. Esta es la belleza de una relación con Dios nuestro Padre. Él desea hablar a sus hijos, pero su voz no es generalmente la voz estruendosa que vemos en las películas. Él habla generalmente como un amigo.

La belleza de este viaje es que Él quiere hablarnos sobre nuestras vidas, y especialmente sobre nuestros hijos y nietos. Él tiene toda la perspectiva que necesitamos para servir bien a nuestros hijos. Aprender a escuchar de Dios sobre un hijo en particular o una necesidad específica en el hogar, puede marcar toda la diferencia entre la vida abundante o la supervivencia en la atmósfera de la vida familiar.

## ALIMENTADOS Y CONOCIDOS

Tenemos un proceso muy deliberado al trabajar con nuestros niños en la Iglesia Bethel, en Redding, California, que podría ser útil para los padres en todo lugar. Tenemos un archivo para cada niño con su nombre. Cuando los niños son entregados a nuestro cuidado, independientemente de cuál sea su edad creamos un archivo para ellos. Quienes trabajan con los niños son alentados a orar y escuchar de Dios con respecto a ese niño. A veces recibirán una vislumbre de una fortaleza que Dios ha dado a ese pequeño, y otras veces reciben lo que llamaríamos una palabra profética para ese niño. Por favor, entiende que nunca es una palabra que se da en nuestro entorno para controlar o influenciar el destino del niño de una manera poco sana. Dios confirmará lo que Él nos ha dado, o mostrará que eso no provenía de Él. El punto es que creemos que Él habla, escuchamos, y repetimos lo que Él dice.

A medida que el niño avanza desde la guardería hasta la clase siguiente, el archivo permanece con él o ella. Entonces el maestro toma nota de lo que se ha hablado sobre ese niño, y también adopta la misma responsabilidad de añadir a lo que ha sido declarado. Lo profético ha de alentar y edificar a cada persona hacia el destino que Dios le ha dado. Esto se hace para cada niño, en cada clase. Cuando esa persona joven se gradúa en nuestra clase de secundaria, el archivo sigue con él o ella. De ese modo, nuestros jóvenes ya tienen un historial en Dios y en saber lo que Él dice sobre ellos. Esto se ha convertido en una parte fundamental de nuestra formación para los niños. El archivo de *lo que Dios dice sobre ellos* les sigue a lo largo de su vida.

Yo no sé si los padres deben tener un archivo profético sobre cada uno de sus hijos, pero sí creo que es sabio tener en mente lo que Dios dice acerca de cada niño. Eso se convierte en la gasolina para la oración, y es la confesión que hacemos cuando las cosas se ven bien y también cuando las cosas se ven como si su voluntad nunca podría producirse.

Zacarías profetizó sobre su hijo, Juan el Bautista, cuando el niño tenía solamente ocho días de vida (ver Lucas 1:67-79). Dudo que el bebé entendiera nada de lo que se declaró; pero la palabra profética necesitaba proclamarse. Algunas de las cosas que oímos de Dios como padres y abuelos simplemente necesitan declararse. No sucede nada en el Reino hasta que se dice algo. La palabra profética revela el corazón de Dios. ¡Y el corazón de Dios debe ser declarado!

## LA PELEA POR LA IDENTIDAD

Recuerdo una de las experiencias que tuve mientras enseñaba una clase de escuela dominical para secundaria. En cierto momento había hasta diecinueve varones en una sala que medía unos cuatro metros. Una sala tan pequeña no es el mejor entorno para intentar enseñar a cualquier grupo como ese. Pero esos muchachos, con su nivel de energía, estaban un poco locos. Constantemente estaban que se subían por las paredes. Al mirar en retrospectiva, no los culpo.

Un domingo, recordé el concepto de cómo habló Jesús a Pedro, llamándolo *roca*, aunque él vivía según el nombre que le habían puesto: *caña quebrada*. Por lo tanto, todos estábamos juntos en el salón de clases, y yo pensé que probaría algo diferente. Me senté y dije tranquilamente: "Miren, ustedes son hombres de Dios".

Cuando comencé a hablarles sobre lo que veía en sus vidas, se podía oír caer al piso un alfiler. Todos se quedaron sentados y dirigieron su atención hacia mí. No tuve que corregir a ninguno. Tenían tanta hambre por cualquier cosa que ayudara a establecer identidad en ellos que literalmente se empaparon de cada palabra que yo tenía para compartir. Cada palabra. Ellos estaban en la pelea por la identidad.

## PADRES PROFÉTICOS

Es fácil sentirse descalificado para ciertos desafíos en la vida. Y probablemente haya muy pocas cosas para las cuales el padre o la madre promedio se sienten menos calificados que el ser proféticos. Podría ayudarnos si consideramos el asunto desde un ángulo diferente. En lugar de atribuir lo profético a un don que tenemos o no tenemos, consideremos lo siguiente: en la economía de Dios, ciertas gracias (habilidades divinas) vienen con la posición que Él nos da, no debido a nuestros dones o talentos personales. Por ejemplo, incluso reyes y líderes impíos reciben un don de parte de Dios que les capacita para gobernar bien. Cómo utilicen esa habilidad depende de ellos, desde luego. Pero la habilidad llega mediante el oficio o la responsabilidad que les es dada.

Esto significa que Dios ha capacitado a los padres para obtener una gracia profética para la familia simplemente debido a su papel como padres, y debido a que ellos lo piden. Esta es una parte realmente importante de cómo opera el mundo de Dios. No solo eso, sino que también se nos manda: "procurad los dones espirituales, pero sobre todo que profeticéis" (1 Corintios 14:1). El punto es que no solo es legal buscar dones específicos (expresiones) del Espíritu Santo; es un mandamiento. Como padres, necesitamos esto a lo grande. Ver proféticamente es esencial para formar y educar hijos.

Ya que lo profético nos capacita para ver, nuestra percepción de los asuntos se vuelve más clara, al igual que nuestra habilidad de ver cosas como destino, propósito, llamamientos, etc. Esto está a disposición de todo creyente, pero especialmente para los padres y su familia. Necesitamos cada ventaja que Dios nos haya proporcionado.

Tal vez tú no estás en una iglesia que ora y profetiza sobre el destino de tus hijos; pero sí sirves al mismo Padre celestial, quien te ha dado acceso a la misma información. No tenemos ninguna excusa para no seguir a Dios a causa de nuestros hijos, ya que todos tenemos acceso a todo lo que Dios nos ha proporcionado para tener éxito como padres. Debemos utilizar esta ventaja para escuchar de parte de Dios específicamente para nuestros hijos.

En nuestro caso, Beni y yo comenzamos a orar por nuestros hijos mientras todavía estaban en el vientre. En aquella época incluso comenzamos a orar por sus futuros cónyuges, que Dios los protegiera y los bendijera. Mientras más *oraciones guiadas por el Espíritu* hagamos, más entenderemos el corazón de Dios para nuestros hijos y su futuro. Hago la distinción de *oraciones guiadas por el Espíritu* porque hay algunos padres que oran su propia voluntad de un modo tan inflexible que ya no pueden discernir la voluntad de Dios en un asunto. Debemos orar con osadía, pero también con un hambre rendida a su voluntad. Hacer oraciones rendidas nos abre a la perspectiva profética. Cuando obtenemos la perspectiva de Dios, las oraciones osadas están a la orden del día. Nuestra confianza está en su voluntad, en su diseño.

Para Beni y yo, el sentido profético de lo que Dios estaba haciendo en las vidas de nuestros hijos evolucionó a lo largo de los años. En otras palabras, no siempre recibíamos las perspectivas que necesitábamos en una experiencia repentina. Se iban desplegando a medida que seguíamos a Dios y abrazábamos el privilegio de poder participar en dar forma a las vidas de nuestros hijos. Algunas veces recibir perspectiva lo sentíamos como una experiencia sobrenatural, en cuanto a que Dios ponía algo en nuestros corazones para lo cual no parecía haber razón alguna. Y, sin embargo, la mayoría de las veces la perspectiva llegaba no solamente por nuestras oraciones, sino también por nuestra observación de las habilidades y deseos de nuestros hijos.

## AMIGOS PROFÉTICOS

Otra ventaja hermosa para nosotros era que teníamos amigos realmente proféticos que amaban a nuestros hijos. Los traíamos y ministraban en Mountain Chapel, donde éramos los pastores. También teníamos el privilegio de tenerlos en nuestra casa. Su don profético, ejercido en la iglesia y también en nuestro hogar, era de una importancia extrema para nosotros (hablaré un poco más de esto en un capítulo posterior). Pero los atesorábamos incluso más como personas. El corazón que tenían para Dios, y su carácter dentro y fuera del púlpito, hacía que fuera fácil recibir de ellos. No puedo imaginar dónde estaríamos sin la inversión que ellos hicieron en nuestras vidas.

Aunque no todos tienen el mismo acceso a profetas experimentados, todos tienen acceso a un corazón que tiene hambre por la Palabra del Señor sobre sus hijos. Dios tiene maneras maravillosas de hacer llegar sus recursos a su pueblo, independientemente de cuán bien estén conectados con las personas adecuadas. Ya sea concerniente al dinero o a una palabra del Señor, o incluso puertas abiertas de favor, Él dará recursos a su pueblo para sus propósitos.

Simplemente ten hambre de escuchar de Dios. Eleva tu voz a Él, pidiendo perspectivas específicas sobre el lugar de tus hijos en el mundo, y Él hablará.

## LA CLAVE PERSONAL DE JESÚS

Jesús nos dijo que Él hacía solamente lo que veía hacer a su Padre, y solamente decía lo que escuchaba decir a su Padre (ver Juan 5:19; 12:49). Este es un ejemplo importante del que aprender, ya que Jesús no vivía reaccionando al diablo; vivía en respuesta al Padre. Este mismo principio hará maravillas a la hora de liderar nuestros hogares. Lo fundamental es que aprendamos a *no* vivir en reacción a los problemas, sino a utilizar esas situaciones para responder a lo que el Padre está haciendo. Responder a los hijos en lugar de reaccionar a ellos es siempre más fructífero.

Jesús fue enviado a ministrar primero a los judíos, para completar el requisito del Antiguo Testamento. Sabemos que esa era su comisión de parte del Padre, pero hubo veces en las que Él salió fuera de este mandato. Sabemos que esas veces no podrían haberse producido en violación del principio de hacer solamente la voluntad del Padre, de modo que debe haber otro factor implicado que creo que podría ayudarnos inmensamente a la hora de formar y educar a nuestros hijos. Es el factor fe. Cuando una mujer sirofenicia llegó y pidió a Jesús que expulsara el demonio de su hija, Él dijo que no podía dar el pan de los hijos a los perrillos. La sanidad y la liberación eran el pan de los hijos, le dijo, dado primero a los hijos de Israel.

Sin embargo, ese no fue el final de la historia para esta madre. Su corazón por su hija era más grande que su deseo de ofenderse ante su comentario (me sorprende cuántas veces nuestro milagro está realmente al otro lado de superar la ofensa personal). Ella le respondió que incluso los perrillos comen las migas que caen de los platos de los hijos en la mesa de su maestro.

Cuando Jesús oyó su respuesta, anunció que el demonio había dejado a su hija (ver Marcos 7:24-30). Es una historia muy hermosa. ¿Cómo sabía Jesús que eso era lo que el Padre estaba haciendo? Él no parecía saberlo con antelación. Mi opinión es que Él sabía lo que el Padre estaba haciendo al ver la fe en los ojos de esta madre. Ella solamente podía recibir ese regalo de parte de Dios, de modo que así es como Él sabía lo que el Padre estaba haciendo.

Qué privilegio tan exquisito tenemos como padres cristianos de ejercitar el factor fe en responder a los problemas que tenemos delante. Como esta mujer llena de fe, podemos esperar que el Señor se mueva por causa de nuestros hijos.

## ESCOGER UNA DIRECCIÓN

Todos hemos escuchado las historias trágicas de padres que viven sus vidas de decepción o fracaso personal por medio de sus hijos. En otras palabras, pelean para que los sueños para sus propias vidas se cumplan en sus hijos, porque ellos mismos fallaron a la hora de cumplir sus sueños.

También están los casos en los que los padres han sido muy exitosos en la vida y quieren lo mismo para sus hijos. Esto, desde luego, comienza bien, ya que yo esperaría que todos los padres quisieran que su bendición personal sea transmitida a su descendencia. Pero la tragedia se produce siempre que los padres controlan o manipulan a sus hijos para conseguir que sigan el sueño que los padres tienen para ellos, de modo que los hijos sean exitosos exactamente de la misma manera que sus padres.

Cualquiera de los casos es devastador, y conduce a los hijos a frustración y fracaso en el mejor de los casos, y a rebelión y alejamiento de la familia en el peor. Dios tiene un propósito único para cada niño, y un padre o una madre saludables pueden ayudar a descubrirlo.

Todos los padres quieren lo mejor para sus hijos, eso es parte de ser mamá o papá. Vemos a personas tomar decisiones necias en la vida y tener un gran deseo de evitar que sus hijos tomen esas decisiones. O quizá hemos visto a nuestros hijos tomar malas decisiones, y queremos protegerlos de esos patrones de fracaso o decepción. No encuentro ningún error en tales deseos, pero es fundamental que regresemos al *manual del propietario* para descubrir cómo criar correctamente a los hijos. La Biblia tiene instrucciones muy concretas sobre cómo debemos formar a nuestros hijos, y en qué dirección hemos de liderarlos: "Instruye al niño *en su camino*, y aun cuando fuere viejo no se apartará de él" (Proverbios 22:6, énfasis añadido).

Por favor, observemos que el versículo dice "en su camino". No dice que deberíamos instruir al niño en el camino que queremos para él o ella. Tampoco dice que los padres saben lo que es mejor. Por ejemplo, si eres médico, no fuerces a tus hijos a que sean también médicos. Presta atención a sus propios dones y deseos, y sigue su dirección a fin de desarrollarlos como individuos. Los deportistas a menudo lo pasan mal cuando sus hijos tienen poca capacidad o interés deportivo. Algunas veces obligarán al niño a jugar a un deporte que solamente hace que se frustre. Aprende a reconocer "su camino". Forma y educa a tus hijos para que amen a Dios, disfruten de la vida y sigan la aventura de la vida con Dios que se despliega en sus vidas.

## EL IMPACTO DE LA ADORACIÓN

Mis dos varones son muy deportistas. Tienen dones inusuales para jugar bastante bien a varios deportes. Sin embargo, el béisbol era nuestro deporte principal, pues yo también lo jugué en la secundaria con una medida decente de éxito. Eric jugó tan bien para su equipo en la secundaria que le concedieron el galardón a jugador más valioso (MVP) de entre unas setenta u ochenta escuelas de secundaria en Carolina del Norte. Él era *cátcher*, y su promedio de bateo estaba por encima de .580, y nunca fue eliminado en toda la temporada. Brian iba siguiendo sus pasos. Sus habilidades en el béisbol eran prometedoras, como las de su hermano mayor. Aunque era dos años menor que Eric, ya estaba dejando su marca en los deportes, jugando para el equipo de béisbol universitario como estudiante de primer año. También jugaba al básquet. Su tiro en el básquet era hermoso. Era una gran alegría verlos jugar a los dos, y viajábamos por toda la parte norteña de California para verlos jugar. Cuando uno de ellos hacía una jugada estupenda, yo me ponía de pie en las gradas y gritaba: "¿De quién es hijo?".

Un día, aparentemente de la nada, Brian dejó todos los deportes. Fue de ese modo: casi de la noche a la mañana. Eso fue una conmoción para nosotros, ya que los deportes habían formado una parte importante de las vidas de los muchachos al crecer juntos. Nosotros nos habíamos entregado en tiempo, dinero y aliento por los intereses de nuestros hijos, independientemente de cuáles fueran. La pasión de los muchachos era los deportes, y parecía como si se hubieran preparado a sí mismos a lo largo de sus años de niñez para lo que lograrían en la secundaria. Pero Brian perdió todo el interés. De repente. Años de preparación aparentemente habían quedado perdidos.

Decir que aquello fue una preocupación es quedarme muy corto. Yo estaba preocupado por él. Hablamos al respecto, y él estaba harto de los deportes por diversas razones. Agarró una guitarra, algo en lo que nunca antes había mostrado interés, y comenzó a aprender a tocar por sí solo. Tocaba durante horas cada día. Algunas veces los fines de semana tocaba hasta ocho, diez o doce horas al día. Tenía un amigo en el grupo de jóvenes de la iglesia que estaba tan dedicado a tocar la batería como Brian lo estaba con la guitarra. Los dos tocaban juntos su música durante horas.

La música siempre fue una parte importante de mi vida. Mis padres eran músicos muy diestros. En algunos aspectos, todo esto no debería haber sido tan asombroso con Brian, pero lo fue. Aunque yo estaba preocupado, también creía en mi hijo. Recorrimos su cambio de intereses, dándole todo nuestro apoyo; pero yo también me preguntaba en lo recóndito de mi mente si eso no sería tan solo una fascinación temporal con algo diferente, aunque Brian no era dado a la despreocupación y la indiferencia. Sin embargo, para hacer mi parte me aseguré de que él tuviera una guitarra de calidad y el mejor amplificador disponible para sus necesidades.

A veces, Brian llevaba a casa a varios amigos para estar juntos. Noche tras noche, esto es lo que sucedía: ellos lo estaban pasando bien y entonces, sin advertencia previa, yo observaba que Brian ya no estaba allí. Iba a la parte de atrás de la casa, donde estaba su cuarto, y lo oía adorando a Dios con su guitarra. Y ya no se le volvía a ver el resto de la noche. Al final, sus amigos se iban a sus casas. Horas y horas de práctica eran su norma, con horas y horas de adoración y escribir canciones casi diariamente, glorificando a Dios.

Cuando nos mudamos a Reddington para pastorear la Iglesia Bethel, recuerdo veces en que Brian y sus amigos iban a un parque local donde había en marcha diversas actividades de verano. Pero unos satanistas también se reunían allí en su propio grupo. Brian tomaba su guitarra y caminaba hacia el grupo de satanistas mientras adoraba a Dios. Ellos se dispersaban rápidamente, ya que no podían manejar la presencia de Dios que estaba en su música. En la actualidad, Brian dirige nuestro ministerio de alabanza en la Iglesia Bethel, y también nuestra etiqueta Bethel Music.

## HAMBRE DE ALIENTO

Los educadores nos dicen que se necesitan siete comentarios positivos para recuperarnos de un comentario negativo. Esto es realmente asombroso. Recuerdo a mi papá hablándome sobre que este concepto se mostraba en su labrador negro, cuando esta perrita cuidaba de sus muchos cachorros. La perra corregía a uno de los cachorros y lo llevaba de nuevo al grupo, pero después lo lamía siete veces. Parece estar escrito en la naturaleza misma que todos tienen necesidad de aliento.

Recuerdo una ocasión en la que corregí a Eric por varias cosas mientras íbamos en nuestro auto a algún lugar. Cuando miré a los terrenos de la iglesia, observé que él había dejado allí su bicicleta, lo cual era un modo seguro de que se la robaran. Cuando comenzaba a señalarle eso, Beni puso su mano sobre mi pierna y dijo: "Creo que ya ha tenido suficiente".

Ella tenía razón. Llega un punto en el que la corrección es más una liberación de nuestra frustración que una ayuda para servir y dar dirección al niño. Sin duda, ese fue el caso en aquel momento.

Nuestro papel como padres es de gobierno, como mencioné anteriormente; y ese papel es proteger y empoderar. Pero el *aliento* es una de las principales maneras en que empoderamos a las personas para que lleguen a ser todo lo que Dios quiso. Eso significa que buscamos intencionalmente lo que ellos han hecho bien y en qué lo están intentando y trabajando duro. Llamar la atención hacia eso obra maravillas. Lo que hacemos por las personas inculca aliento en ellas; y este es un tiempo en el que todos necesitan más aliento. El aliento que necesitamos para las decisiones más difíciles de la vida solo puede encontrarse cuando tomamos esas decisiones con la eternidad en mente.

Mi mamá y mi papá eran los mayores alentadores en mi vida, y eso fue cierto incluso cuando yo tenía más de cincuenta años, cuando mi papá partió con el Señor. Mi mamá sigue siendo un aliento constante para mí. Como si acabara de hacer una gran jugada de béisbol, incluso actualmente ella grita algunas veces: "¿De quién es hijo?".

Siempre trabajamos duro para alentar a nuestros hijos. Mucho. Nuestros muchachos se estaban convirtiendo en jóvenes, con verdadera sabiduría y devoción. Leah también crecía responsablemente, pero ella tenía cuatro años menos que Brian y seis menos que Eric. No sabíamos cómo respondería ella cuando viera sus convicciones presionadas al llegar a la secundaria. Un día, Beni dejó que Leah fuera caminando desde la escuela cristiana Trinity County hasta la escuela de secundaria Trinity, donde estudiaban sus hermanos. Debía reunirse allí con ellos, estar juntos un rato, y después Beni los recogería a todos para llevarlos a casa.

Cuando Beni llegaba para recogerlos vio a Leah delante de un muchacho mucho más grande. Parecía que él había dicho palabras groseras delante de ella, y ella le había pedido educadamente que no siguiera. Él no lo hizo, de modo que ella se puso frente a él y le dijo con términos muy claros que *debía* parar. Ella tenía un corazón tierno, pero también era implacable y determinada con respecto a la rectitud. Incluso le pedía a quien conducía que cambiara la música si ella consideraba que era inapropiada.

Beni quedó aliviada cuando vio cómo manejaba Leah esa situación en la secundaria, y supo que nuestra "pequeña" estaría bien. Es maravilloso ver que ellos captaron lo que les enseñamos.

## ORAR CON PERSPECTIVA

Como padres y abuelos, estamos posicionados para ser parte del equipo que produce fortaleza y valentía a nuestros jóvenes. Este proceso comienza con oración por nuestros hijos. Se nos ha dado como padres orar por su éxito en la vida, que ellos lleguen a ser todo lo que Dios quería. Es más probable que reconozcamos la mano de Dios sobre una vida cuando participamos en el bienestar de esa persona mediante la oración.

Es importante entender que incluso en una familia dada hay distinciones únicas entre hermanos. Algunos niños son muy académicos, mientras que otros son atléticos y otros son artísticos. El punto es que cada uno tiene una singularidad que Dios le ha dado y que nosotros tenemos que valorar. Tratar a nuestros hijos de modo único es un regalo que les debemos.

Presta atención a los dones e intereses de tus hijos. Los niños tienen talentos únicos que finalmente influirán en lo que lleguen a ser en la vida. Dales permiso para tener una pasión por algo. ¡Ponte detrás de esa pasión y aliméntala! Quizá no tienes recursos ilimitados para hacer eso, pero tienes algunos. Acude a tus amistades y otras conexiones con personas que hayan tenido éxito en áreas en las que tu hijo tiene interés.

Sin embargo, no te molestes si los intereses de tus hijos cambian de un periodo a otro, como sucedió con Brian. Igual que Thomas Edison al inventar la bombilla, ellos necesitan estar expuestos a lo que funciona y no funciona en su caso. Están ganando experiencia. No querrás recortar o controlar su pasión, o cambiarla. Sencillamente estate atento; está ahí como don de Dios.

Se trata de sacar el oro en las personas. Tal vez has oído la frase: "Si haces lo que te gusta, nunca trabajarás ni un solo día en tu vida". Hacer aquello para lo que nacimos es satisfactorio y estimulante, y también tiene un potente impacto en el mundo que nos rodea, porque nos convertimos en algo según el diseño de Dios. Y al hacerlo, hemos descubierto cómo vivir nuestra vida con gozo.

El famoso artista Pablo Picasso tuvo una mamá que creía que su hijo llegaría a ser algo importante. Según dice la historia, él le dijo a alguien: "Mi madre me dijo: 'Si eres soldado, llegarás a ser general. Si eres monje, llegarás a ser el Papa'. En cambio, fui pintor y llegué a ser Picasso". Él descubrió su pasión y tuvo un impacto en el mundo por medio de su don. Cualquiera que descubra quién fue llamado a ser por Dios, nunca querrá ser otra persona.

La segunda parte de Proverbios 22:6 es tan importante como la primera parte: "Y aun cuando fuere viejo no se apartará de él". Esta es una promesa maravillosa que a veces toma un poco de tiempo llegar a verla fructificar. Leí una historia asombrosa hace un tiempo atrás sobre una sección de terreno en medio de un desierto con la que querían experimentar los investigadores. Había agua bajo tierra, de modo que decidieron regar esa sección sin plantar ninguna planta ni semillas. Solamente añadieron agua al desierto. Lo que sucedió después es simplemente asombroso. Creció una gran variedad de plantas, formando una atmósfera similar a la de una jungla. Lo único que habían hecho los investigadores fue añadir agua.

Nuestra tarea es plantar las semillas en las vidas de nuestros hijos, y después cubrir sus vidas con oración. La oración produce el agua, por así decirlo. Y es Dios quien hará que las semillas que hemos plantado den fruto.

El punto es que siempre somos responsables de plantar en esperanza, sabiendo que Dios puede compensar nuestra falta de habilidades parentales. Nuestros hijos se convierten en vencedores de gigantes por pura gracia. Y esa gracia es activada mediante el poder de la Palabra de Dios en sus vidas. Nosotros tenemos un papel que desempeñar. Llevémoslo a cabo.

# 10

# ORAR DESDE LO INVISIBLE

Nuestra madurez espiritual nunca es mayor que nuestra relación con el Espíritu Santo. Él es fundamental para todas las cosas pertenecientes a llegar a ser semejantes a Cristo. Una de las mejores herramientas del creyente es la capacidad de reconocer al Espíritu de Dios obrando en cualquier situación dada. Se desarrolla una colaboración desde la consciencia de Aquel que por naturaleza nos guiará solamente hacia salud y fortaleza en nuestras familias. A propósito, la Escritura llama *Padre eterno* a Jesús (ver Isaías 9:6), lo cual nos da una vislumbre de la capacidad de Jesús de representar plenamente al Padre en todas las cosas. Y el *Padre eterno* sabe realmente cómo hacer familia.

Habiendo dicho eso, quiero añadir que las oraciones ungidas son muy parecidas a las palabras proféticas auténticas. Ambas provienen del Espíritu Santo, tienen sus raíces en la Palabra de Dios y revelan el corazón de Él en el momento inmediato. Es importante aprender a reconocer oraciones que atraen al Espíritu Santo.

Tenemos el privilegio y la responsabilidad de orar por nuestros hijos. Hacer oraciones a las que el Espíritu Santo dice *amén* es uno de los mayores gozos que existen. Al hacerlo, somos participantes en llevar el corazón y también la mano de Dios a nuestras familias. Aprender a reconocer la respuesta del Espíritu Santo a lo que oramos ayuda a producir un aumento exponencial a la eficacia de nuestras oraciones. Yo reconozco su respuesta, con frecuencia, mediante una mayor consciencia de su presencia, la cual se manifiesta generalmente mediante un aumento drástico de la paz. Y entonces, algunas veces, puedo reconocer *su amén* mediante lo que yo llamo *pensamientos inspirados*. Por lo general, es donde Él me lleva más profundo a una dirección de oración con mayor perspectiva de la que yo hubiera tenido normalmente. Significa básicamente que tuve una idea que es mejor que otra que yo mismo podría haber pensado. A menudo termino orando algo de lo que no tenía ningún conocimiento hasta ese momento: orando desde lo invisible. Para mí, esta es otra señal de que estoy haciendo oraciones ungidas.

Si haces de la oración una conversación en dos direcciones, descubrirás la belleza de las oraciones inspiradas por el Espíritu Santo. Al aprender a reconocerlo a Él en tus oraciones se te otorgará el honor de revelar su corazón a un nivel totalmente nuevo. Siempre que descubrimos ese gran tesoro, vemos dónde podemos colaborar con el Señor para ver sus propósitos en nuestro árbol genealógico. Este tipo de oraciones toma tiempo, perspectiva y persistencia. Él es movido por ellas de manera profunda, y les añade el peso de su presencia.

## LA OBRA DE LA ORACIÓN

Orar palabras proféticas sobre nuestros hijos es muy parecido a la forma en que opera la levadura en una masa. Requiere esfuerzo y tiempo. Esto significa que debemos tomar lo que Dios ha dicho sobre sus vidas y orar por ello con una fuerza implacable.

Entiendo que esto quizá parezca contradictorio para algunos que están pensando: *Si Dios lo dijo, seguramente sucederá sin nuestras oraciones*. Eso es cierto en algunos casos; pero muchas veces Dios nos habla sobre los asuntos de la vida y nos da una promesa que requiere nuestra participación. Abraham recibió la promesa de un hijo, pero aun así él tenía su papel que desempeñar en su cumplimiento, ya que su hijo Isaac no fue concebido de modo inmaculado. Algunas de las promesas de Dios son anuncios de potencial, las cuales Él no está obligado a cumplir, pues se hacen efectivas cuando nosotros hacemos nuestra parte. La oración seguida de obediencia es una expresión hermosa de nuestra colaboración con Dios.

Yo trabajo muy duro para meditar en oración en lo que Dios dice de mí. He aprendido que todo lo demás es una mentira; de hecho, intento no entretener nunca un pensamiento en mi cabeza sobre mí mismo que no esté en la mente de Dios. La vida ya es lo bastante difícil sin que yo ayude al diablo a desalentarme o distraerme. Lo que Dios esté diciendo protegerá la identidad y la fe de cualquier discípulo de Jesús que va en serio.

Yo tomo una promesa de Dios sobre cualquier área de la vida y la convierto en una oración, la confieso tranquilamente, la declaro en voz alta y la canto. A veces la tecleo en una página en mi iPad o la pongo en una tarjeta para llevarla conmigo. El punto es que me rodeo de lo que Dios está diciendo, y después rodeo mi caminar con Dios de esas mismas promesas convertidas en oraciones, confesiones y cantos. Es mi responsabilidad ser un vigía sobre mi casa, lo cual significa que mantengo abiertos mis oídos y mis ojos a cualquier reto que enfrentemos, y a la promesa que Él ya ha puesto en su lugar para capacitarnos y vencer ese reto con una gran victoria.

Siempre que somos buenos administradores de cualquier cosa que Dios nos da, Él añade más a lo que ya tenemos. La fidelidad atrae más. Ese es un principio del Reino que funciona con el dinero, los amigos, el favor, y ahora con perspectivas para la oración. Si usamos lo poco que tengamos para que sus propósitos puedan desarrollarse en las vidas de nuestros hijos y nietos, Él abrirá nuestros ojos para ver más de lo que tiene que suceder y cómo. Él da con generosidad a aquellos que administran bien su Reino.

## LECCIONES DE JOB

Job fue una figura heroica en el Antiguo Testamento, conocido por su valentía y fidelidad a Dios independientemente de sus circunstancias.

Su esposa le dijo que debería maldecir a Dios y morir; por lo tanto, incluso su sistema de apoyo, que probablemente funcionaba bien mientras él era bendecido, se volvió contra él en juicio. Se revelan muchas cosas cuando nuestra fe es desafiada.

Job tenía un enfoque de oración con respecto a sus hijos que me ha resultado útil:

> E iban sus hijos y hacían banquetes en sus casas, cada uno en su día; y enviaban a llamar a sus tres hermanas para que comiesen y bebiesen con ellos. Y acontecía que habiendo pasado en turno los días del convite, Job enviaba y los santificaba, y se levantaba de mañana y ofrecía holocaustos conforme al número de todos ellos. Porque decía Job: Quizá habrán pecado mis hijos, y habrán blasfemado contra Dios en sus corazones. De esta manera hacía todos los días. Job 1:4-5

Este es un modo notable de interceder por nuestros hijos. Todos los padres vivos deberían aprender el momento de las oraciones de Job, ya que no estaban relacionadas con un historial o reporte de pecado. Él simplemente quería asegurarse de que sus hijos estaban cubiertos, en caso de que en su celebración fueran descuidados y pecaran contra Dios.

Muchas personas que pueden confiar en Dios en la prueba se derrumban en la bendición. Job sabía eso y se aseguraba de cubrir a sus hijos e hijas durante sus celebraciones. Sus hijos probablemente eran ya adultos en esa época, pero él seguía sintiendo la necesidad de cubrirlos con oración intercesora. Esta es la belleza de la crianza de los hijos.

## PERSISTENCIA Y CONSISTENCIA

Beni y yo orábamos con nuestros hijos en la noche antes de meterlos en la cama. Aquello no era tan solo una actividad bonita que hacíamos solamente cuando ellos eran pequeños, sino que continuó hasta sus años de adolescencia. Lo hacíamos cada noche, a menos que yo estuviera fuera de la ciudad o llegara tarde a casa después de una reunión. Y si llegaba a casa después de que los niños ya estuvieran en la cama, iba a orar por ellos mientras estaban dormidos. Esa parte era uno de mis hábitos incluso si habíamos estado juntos antes de que se durmieran. Yo oraba las promesas de Dios sobre ellos; a veces simplemente declaraba esas promesas. Hacía todo eso muy calladamente para no despertarlos, pero en mi corazón estaba gritando lo que sabía sobre sus vidas. Entonces llegó un periodo en el que ellos comenzaron a irse a la cama más tarde que yo, de modo que ocasionalmente me levantaba durante la noche o temprano en la mañana y oraba por ellos. El punto es que la oración por los miembros de la familia y sus destinos se convierte en la herramienta de crianza más poderosa, especialmente cuando está seguida por nuestra obediencia.

También me gustaba mucho desafiar a mis hijos en su fe y entendimiento. Ayudaban los comentarios al azar, aunque yo debía tener cuidado de no convertir mis comentarios en sermones. Había un par de cosas que les decía a los niños repetidamente, una noche tras otra. Una de ellas era: "Antes de irte a dormir esta noche, pregunta a Dios si hay cualquier cosa que sea imposible y que Él quiere que hagas". A veces simplemente hacía una afirmación sobre ellos, como la siguiente: "Recuerda que eres parte de un equipo que está aquí para cambiar el mundo". El punto es que yo quería conectarlos con su propósito eterno, una y otra vez. Llegar a ser un vencedor de gigantes no sucede por accidente. Vencer a los gigantes de las imposibilidades sucede cuando vemos que el corazón de Dios está por nosotros.

Yo nunca interrogaba a mis hijos para medir el impacto que estaban teniendo esas cosas, ya que eso podría haberlos presionado para que hicieran un papel delante de mí. Estaba interesado principalmente en dar forma a sus pensamientos. Aquellas eran las semillas que tenían que asentarse durante un tiempo antes de germinar. Además, algunas cosas que yo declaraba simplemente había que proclamarlas. Era vital que *esa palabra sobre sus vidas llegara a sus espíritus* mediante la oración y la proclamación.

En este punto podría ser muy fácil para ti imaginar aquellos momentos que yo tenía con mis hijos como momentos sobrenaturales poderosos. Y aunque eso sucedía en ocasiones, la mayor parte del tiempo era disciplina de la consistencia. Lo que ardía en mi corazón por ellos necesitaba una salida, de modo que yo hablaba.

Cuando la levadura está en la masa, podemos descansar y observar el efecto. El pan subirá. El Reino de Dios, esa manifestación del dominio de Dios, se compara con la levadura (ver Mateo 13:33). La levadura siempre afectará a lo que le rodea. Una de las cosas más maravillosas de la levadura es que cuando está en la masa, ya no puede quitarse; tendrá efectos cuando sea expuesta al calor. Nuestras oraciones apasionadas añaden el fuego que causa que la levadura de las promesas de Dios sea activada en nuestros hijos, haciendo que el pan de sus corazones suba y aumente hasta su potencial.

## PALABRAS BUENAS, PALABRAS MALAS

Me encanta oír lo que Dios dice sobre cualquier tema, pero especialmente sobre mis hijos, mi familia y mis amigos. Como disciplina, repaso una y otra vez las palabras y promesas que Dios nos ha dado, pero no todo lo que se declara viene de Dios. Hay personas descuidadas a nuestro alrededor que proclamarán el veneno de sus propios corazones a las vidas de nuestros hijos. Algunas palabras son obviamente condenatorias, y otras son errores inocentes declarados por personas con buenas intenciones. Nuestra tarea es observar y orar.

Las personas, incluso los amigos, a veces dirán cosas sobre tus hijos que sencillamente necesitas rechazar. Beni y yo lo llamamos *tirar de la cadena,* como hacemos con nuestros inodoros. Las similitudes deberían ser obvias. Nunca tengas la sensación de que tienes que recibirlo cuando otras personas proyectan sobre ti sus fracasos o sus luchas en la crianza de los hijos. Tampoco estás obligado a recibir sus frustraciones o retos en la crianza de los hijos como cosas que automáticamente te sucederán a ti. Rechaza ese tipo de palabras. Tira de la cadena de esas palabras inmediatamente.

En una ocasión, una persona llamó "maleducado" a uno de mis hijos. Yo le dije a la persona que la conducta de mi hijo era errónea, pero que ser un maleducado no era la identidad de mi hijo. No permitiré ese tipo de conducta de un adulto hacia un niño.

Ese tipo de comentarios bien intencionados, pero a veces destructivos, que hacen las personas comienzan justo después de que nazca el niño. Por ejemplo, pocas cosas son más perfectas en la vida que un bebé recién nacido. La mayoría de las personas se ven atraídas legítimamente hacia ese pequeño, pero algunas veces hacen comentarios descuidados sobre que lo único que hace el bebé es llorar, comer, dormir, y dejar sus pañales hechos un caos. La mayoría de las veces es un intento de mostrar humor o desenfado, lo cual en realidad no es un problema, pero algunas veces el humor oculta dolor y frustración.

No te vuelvas inmune a la sutileza de tales palabras. Las personas orientadas hacia el desempeño tienen tendencia a hablar de esas maneras, ya que nuestros pequeños todavía no saben hacer ningún truco ni actuar de maneras que agradan a las personas. Nada de eso. Simplemente están vivos. Son seres vivos hechos a imagen de Dios, y no pueden hacer nada para ganarse amor. Los amamos por ser. Y aunque los comentarios descuidados parecen inofensivos, pueden llevarse la alegría de cuidar de un pequeño que no puede hacer nada a cambio.

Esos pueden ser momentos frágiles, cuando consideramos que la mayoría de las mamás y los papás están privados de sueño durante un periodo de tiempo después del nacimiento de un bebé. Escuchar las quejas de otras personas nos hace ser más receptivos a una perspectiva distorsionada. Recordemos que hay padres que han perdido a un hijo, y darían cualquier cosa por perderse una noche de sueño y tener el privilegio de volver a cambiar pañales. Cualquier cosa.

El amor no es egoísta. Cuidar de alguien que no puede dar nada a cambio es una de las actividades más piadosas que podemos conocer en esta vida. Es la expresión más pura de amor. No permitas que nadie te robe este gran privilegio mediante su descuido e insensibilidad.

Y entonces llega alguien que habla de que el bebé es hermoso ahora, "*¡pero espera a que cumpla los dos años!*". Puede ser aterrador escuchar eso, en especial si es tu primer hijo. Los niños en torno a los dos años de edad aprenden la palabra *No*. Comienzan a desarrollarse de maneras que pueden ser desconcertantes para cualquier papá o mamá, y mucho más para los padres primerizos. Dios tiene respuestas para estos periodos y desafíos. Tener miedo a tales retos los exagera.

Algunas personas continuarán con cosas como: "*¡Espera hasta que entren en el kínder y les guste estar lejos de casa!*". O advierten: "*¡Espera a que tu hijo cumpla los diez y quiera más independencia!*". Parece que debido a que cada edad tiene sus propios desafíos, están quienes quieren darte sus perspectivas negativas.

Probablemente las palabras de muerte que se repiten con más frecuencia son: "*¡Espera hasta que lleguen a la adolescencia! ¡Desearás no haber tenido hijos nunca!*". De nuevo, estoy seguro de que muchos que hablan así, tan solo intentan ser divertidos. En algunos casos, sinceramente intentan preparar a otros padres para los desafíos que llegarán con toda seguridad. Sin embargo, tales palabras solamente hacen daño y nunca ayudan.

Tenemos amigos que darían cualquier cosa por tener el cuarto desordenado o la ventana rota porque un hijo accidentalmente lanzó una bola de béisbol en dirección a la casa. Darían cualquier cosa por tener que lavar la ropa de sus hijos y volver a cocinar para ellos. No pueden hacerlo debido a un trágico accidente. Repito: la perspectiva produce esperanza y gratitud.

Siempre que las personas hacían esos comentarios descuidados cerca de nosotros sobre niños, Beni y yo nos mirábamos el uno al otro, o incluso hablábamos más tarde, después de la conversación, y rechazábamos intencionadamente lo que se había declarado. *Tirábamos de la cadena* de esas palabras. Pero también seguíamos esta decisión con una confesión de lo que esperábamos en nuestra casa. Nos juntábamos y decíamos algo parecido a lo siguiente: "No, nuestros hijos no crecerán y serán irrespetuosos y destructivos. No se rebelarán y se alejarán de Dios. Los años de adolescencia de nuestros hijos serán un gozo para todos nosotros, a medida que descubramos quienes tú les hiciste ser, Señor".

Dios conoce solamente el movimiento hacia adelante, ir de gloria en gloria; y todo lo que Él tiene a cargo se mueve hacia adelante continuamente. Esto es importante, ya que es la naturaleza de Dios mismo la que establece los parámetros para que sea descubierta la vida familiar. Hablando en términos prácticos, Beni y yo esperábamos que cada edad y etapa de las vidas de nuestros hijos fueran mejor que la anterior. De gloria en gloria. Y sinceramente, así es como sucedió. Nos encantaba y disfrutábamos de cada edad que experimentaban los niños. Y todavía lo hacemos, ahora que ya son adultos.

Determinamos temprano en la vida encontrar el oro que Dios había puesto en cada periodo de las vidas de nuestros hijos y llamarlo con promesas, confesiones y decretos. Nuestra negativa a escuchar palabras negativas sobre ellos o sobre edades concretas fue muy beneficiosa. Siempre rechazamos la idea de que las luchas o fracasos de otros padres se convertirían automáticamente en los nuestros. Un enfoque tal fue sencillo, pero profundo en su efecto sobre nuestro enfoque general de nuestra vida familiar.

## NO SEAMOS IGNORANTES

Sería una necedad absoluta y también ignorancia fingir que no hay ningún problema en la crianza de los hijos. Tener un hijo de dos años nos ayuda a descubrir cuán materialistas somos. Ellos tienden a romper las cosas, y debido a eso mi tío solía decir: "Toda casa necesita a un niño de dos años en ella".

Los primeros años de la niñez sí que presentan desafíos para nosotros, ya que los pequeños tienen una inclinación dada por Dios de encontrar los límites de su propia independencia. Los años de la adolescencia presentan una larga lista de temas de oración, ya que los cuerpos de los adolescentes están cambiando, se forman los apetitos sexuales, sus relaciones con sus iguales se vuelven cada vez más importantes, y su inclinación hacia el pensamiento independiente adopta una nueva expresión. Mientras mayor sea el reto, mayor es la victoria. Mientras mayor sea el gigante, mayor es la recompensa. Esto es importante, ya que nuestro enfoque de estos asuntos de la vida a menudo determina el resultado.

Me estremezco siempre que oigo a un padre o una madre decir lo mucho que aborrece los años de la adolescencia, especialmente cuando está presente un adolescente. Eso separa emocionalmente a esos adolescentes de los adultos que deberían adorarlos y admirarlos, y los sitúa solamente con sus iguales, quienes por lo general no saben nada. Entonces consideran a sus iguales como los únicos que les entienden.

Nuestras palabras descuidadas crean una situación imposible para nuestros jóvenes cuando aborrecemos el periodo de la vida en el que están, especialmente cuando entendemos que es imposible cambiarlo. Pensemos desde su perspectiva: alguien extremadamente importante en tu vida aborrece la edad en la que te encuentras ahora, sin embargo, no hay nada que puedas hacer para cambiar eso. No puedes añadir años a tu propia vida. Sumemos eso a las emociones tan cambiantes que van de la mano de los cambios biológicos que los adolescentes experimentan, y tendremos una generación que busca en todos los lugares equivocados para pertenecer. La pertenencia es la búsqueda de cada persona a un nivel u otro. Recuerda: los cuerpos de los adolescentes se están desarrollando a un ritmo que Dios diseñó, lo que significa que Él tiene soluciones e ideas para ayudar a que sus años adolescentes sean gloriosos y victoriosos, a pesar de los altibajos.

Nuestros desafíos en la crianza de los hijos parecen volverse cada vez más intensos y complicados a medida que ellos crecen. Reconocer los desafíos es un buen lugar donde comenzar, y nos ayuda a acudir al Señor en nuestra necesidad. Nuestro enfoque debe ser con una confianza absoluta en Dios, y debemos tener una perspectiva saludable, llena de anticipación emocionada.

Para muchas personas, el avance comienza en el momento en que dejan de estar impresionados con el tamaño de su problema. Si yo me siento abrumado por la maldad que hay en el mundo, debo dirigir mi corazón hacia Dios hasta que sea más abrumado aun por su bondad. Si me siento perplejo por mi ignorancia sobre cómo enfrentar un problema en particular, debo ser cada vez más consciente de que Dios ya ha ido delante de mí y tiene una solución específica que yo puedo llegar a conocer. Si soy demasiado consciente de mi debilidad en escuchar su voz, debo poner mis afectos en Aquel que sabe cómo hablar con la fuerza suficiente para ser escuchado. El punto es que ninguno de nosotros está en su mejor momento cuando somos más conscientes de nuestros problemas o incapacidades que de las soluciones que podemos experimentar mediante la tarea divina.

## APORTAR PERSPECTIVA

Recuerdo que Eric acudió a mí una vez para decirme lo mucho que aborrecía el inglés en la escuela. Él tenía diez o doce años de edad. Yo lo escuché con interés. Cuando terminó de hablar, no lo corregí ni le dije que estaba equivocado por sentirse así. Entendía las frustraciones en la escuela por mi propia experiencia, pero sí le dije que quizá querría prestar atención especial a esa materia en la escuela porque podría ser una de las que Dios usaría para escribir libros para su pueblo. No fue una profecía; fue una palabra sencilla que declaré para añadir perspectiva. Las perspectivas divinas siempre producen esperanza.

Eric tenía la mirada perdida al escuchar eso, una expresión que mostraba siempre que estaba meditando en algo. Después de pensar por un momento, dijo: "Muy bien, papá". Y con eso quedó zanjado el asunto.

No estoy diciendo que después de aquel momento a Eric le gustó el inglés, pero fue capaz de ver propósito en el dolor. Desde entonces él ha escrito dos libros, y tiene muchos más libros en su interior que se manifestarán en los próximos años.

Tenemos el privilegio de declarar las promesas de Dios de muchas maneras diferentes. A veces es citando un versículo de la Biblia, y otras veces es declarando un principio sobre las vidas de nuestros hijos, como yo hice con Eric en la historia que acabo de mencionar. El punto es que nuestras palabras y acciones *siembran las nubes* de destino sobre nuestras familias. Si no tenemos la palabra prevaleciente sobre nuestros hijos, otras personas la tendrán. Y el resultado probablemente no será lo que Dios quería. Captura sus momentos, y captura los pensamientos de Él. Entonces haz saber Sus pensamientos mediante decreto, respaldado con la oración.

## ORAR VERSÍCULOS

Una de las mejores cosas que podemos hacer por nuestros hijos es orar lo que está escrito en la Biblia sobre sus vidas. Como ya he mencionado, yo oraba por mis hijos mientras ellos dormían. También citaba versículos sobre ellos cuando oraba. Ciertos pasajes destacaban como promesas importantes de Dios para nuestra familia, y necesitaban la atención que se les da y que solamente puede provenir de la oración.

Nuestros queridos amigos Wesley y Stacey Campbell han escrito extensamente sobre este tema en sus libros titulados *Praying the Bible* (Orar la Biblia), (Chosen Books, 2016, 2018). Los Campbell realmente lideran el camino en este hermoso tema, al haber aprendido a fundir la belleza de la Escritura con la pasión y el poder de la oración.

Una de las direcciones que yo he seguido en la oración por mis hijos desde su niñez, y ahora por mis nietos, es que ellos tendrían un corazón para conocer a Dios. Hice esa oración específica por mucho tiempo, y me emocionó mucho cuando vi que estaba orando lo que realmente estaba escrito en las páginas de mi Biblia. Jeremías 24:7 (énfasis añadido) dice: "*Y les daré corazón para que me conozcan* que yo soy Jehová; y me serán por pueblo, y yo les seré a ellos por Dios; porque se volverán a mí de todo su corazón".

Puede parecer extraño que yo estuviera tan emocionado cuando vi este versículo en la Biblia. Debería ser una oración obvia que hicieran los padres y que deleitaría el corazón de Dios; pero cuando vi que era una oración bíblica, añadió mucha confianza para mí, en cuanto a que yo estaba orando el corazón de Dios. Podía ver en las páginas de mi Biblia que Él ya estaba diciendo *amén* a lo que yo había estado orando.

Aquí tenemos otra oración bíblica que yo hacía por nuestros hijos: "Sean nuestros hijos como plantas crecidas en su juventud, nuestras hijas como esquinas labradas como las de un palacio" (Salmos 144:12).

## ORAR SU CORAZÓN, SU PALABRA

Mi mamá me dio a mí (y a todos los padres en nuestra familia) una lista en particular de versículos de la Biblia que ella había orado fielmente durante décadas por sus hijos, nietos, y ahora bisnietos. He utilizado esa lista para orar esos mismos versículos por los miembros de nuestra familia, y los incluyo aquí en el apéndice 4, al final de este libro, para que tú también puedas orarlos. Un hermoso arco iris de esperanza y protección se crea sobre nuestros hijos cuando combinamos la belleza de la Biblia con el privilegio de la oración.

Los niños que son atesorados como un regalo de Dios y son celebrados como una recompensa de Él, se convierten en potentes armas de guerra:

> He aquí, *herencia de Jehová son los hijos; cosa de estima* el fruto del vientre. Como saetas en mano del valiente, así son los hijos habidos en la juventud. Bienaventurado el hombre que llenó su aljaba de ellos; no será avergonzado cuando *hablare con los enemigos en la puerta.* Salmos 127:3-5, énfasis añadido

Como hemos visto ya, nacimos en una guerra. Y cuando los niños son formados en la atmósfera de ser valorados y celebrados, crecen hacia su destino divino con confianza a medida que entran en sus lugares de influencia y confrontan a las potestades de las tinieblas. La confianza en la guerra, saber que eres atesorado y celebrado, y una vida sin vergüenza, son todos ellos frutos de ser formado y educado en el hogar de Dios.

Me gusta orar por mis hijos y nietos con respecto a sus noches. Este pasaje de Isaías describe que hemos de despertar cada mañana, y que nuestros hijos han de despertar con el oído de un discípulo/aprendiz que está listo para decir *sí* a Dios:

> El Señor omnipotente me ha concedido tener una lengua instruida, para sostener con mi palabra al fatigado. Todas las mañanas me despierta, y también me despierta el oído, para que escuche como los discípulos. Isaías 50:4, NVI

Esta es una descripción hermosa de lo que significa que el Espíritu Santo nos ministre durante la noche, y después despertar con el *sí* de un seguidor de Jesús ya en nuestra boca. Cubrir a nuestros hijos en oración con este propósito es un privilegio hermoso.

Este es otro versículo que ha sido un pasaje muy importante para mi familia y yo: “El Señor mismo instruirá a todos tus hijos, y grande será su bienestar” (Isaías 54:13, NVI). La versión Reina-Valera 1960 lo expresa así: “Y todos tus hijos serán enseñados por Jehová; y se multiplicará la paz de tus hijos”. Orar para que nuestros hijos sean enseñados por el Señor es vital. Este se convirtió rápidamente en uno de los principales versículos que yo oraba sobre mis hijos.

## LA TAREA SUPREMA

Hacer estos tipos de oraciones por nuestros hijos y nietos es uno de los privilegios más grandes en la vida. Nos convertimos en herramientas en la mano del Señor que dan forma al carácter y el destino de sus vidas. Pero la tarea suprema es llevar esto un paso adelante. Debemos enseñarles a pelear con su propia promesa. Pablo habló a Timoteo, su hijo espiritual, de este modo: "Este mandamiento, hijo Timoteo, te encargo, para que conforme a las profecías que se hicieron antes en cuanto a ti, milites por ellas la buena milicia, manteniendo la fe y buena conciencia" (1 Timoteo 1:18-19).

¿Cuál es el punto? La promesa de Dios es el arma que debe utilizarse para llevar a nuestros hijos hacia el futuro que Dios quiere. Esta debe convertirse en una de las herramientas que utilicen ellos mismos para así entrar en todo lo que Él quiere. Larry Randolph, un profeta muy dotado y amigo, nos dijo una vez: "Dios cumplirá todas sus promesas; pero Él no está obligado a cumplir nuestro potencial". Gran parte de aquello por lo que nos dolemos en la vida yace en el ámbito de nuestro potencial, para lo cual Dios nos ha dado promesa. Es tiempo de pelear con su Palabra y enseñar a nuestros hijos a hacer lo mismo.

La Palabra de Dios es un regalo maravilloso de Él. Muchas generaciones e incluso culturas actuales han estado sin la Biblia. Ha sido el objetivo de muchas guerras y conflictos, con líderes de la cultura declarando su muerte, y sin embargo aquí está como la elevada norma para la vida, ya que Dios mismo la inspiró. Es nuestro privilegio leerla una y otra vez. Yo no me perderé ni un día sin leer la Palabra. Lo más importante es que su Palabra penetre en mí. La memorizo, la cito y la canto; pero hay un gran tesoro que muchos todavía tienen que descubrir. Aprende a orar la Biblia, pues revela de modo preciso la voluntad de Dios, su corazón y su promesa para ti y tu familia. Orar la Biblia es una parte necesaria de orar desde lo invisible.

# 11

# EL GOBIERNO Y SIMILARES

Al diablo le encanta tener influencia en el hogar. Si gana ahí, gana en todas partes. Y aunque en raras ocasiones hablo sobre las potestades de las tinieblas, es necio pensar que el maligno se quedará tumbado e ignorará nuestros esfuerzos por formar a una generación que tenga una influencia recta y justa en la tierra. Una de las principales herramientas que él utiliza en este tiempo es el gobierno, porque quienes trabajan en ese mundo tienen autoridad dada por Dios. Obviamente, el diablo también utiliza mucho los medios de comunicación y la educación. Pero esos ámbitos solamente tienen la autoridad que nosotros les otorgamos con nuestro tiempo y afecto. El gobierno tiene autoridad de parte de Dios. Y si la Biblia no tiene ninguna influencia a la hora de dar forma a los valores y las políticas que los administradores plantean, esos gobiernos puede que tengan buenas intenciones, pero siempre irán más allá del ámbito de responsabilidad que Dios quiso que tengan.

La meta de las potestades de las tinieblas es tener líderes en esos gobiernos que se excedan en su papel y hagan que la familia individual quede desamparada. Necesitamos una sabiduría inusual para ver la situación con claridad y saber cómo responder. Se necesita un cambio en todos los frentes. Y gran parte de ese cambio llegará de los valientes que criamos en nuestros hogares.

Vivimos en una época en la que la influencia del gobierno en el hogar va en aumento. Parte de ello es una reacción a las historias de terror causadas por una mala crianza de los hijos. Pero existe un inmenso problema con esta situación: Dios no ha dado al gobierno la autoridad para educar a los hijos; por lo tanto, sus representantes carecen de las herramientas para ser eficaces en lo que intentan hacer. Ellos pueden proteger. Pueden empoderar. Pero no pueden educar y formar.

Usurpar el papel de los padres es sobrepasarse gravemente, y a menudo lo hacen líderes que intentan construir una sociedad utópica mediante la implementación de sus ideales. Esta es una meta irrisoria, ya que siempre parece estar sin Cristo en el centro. Él es la piedra angular de toda la vida y la razón, y dejarlo fuera de la imagen es la expresión suprema de arrogancia y futilidad. Debemos regresar al modelo del Diseñador, conociéndolo a Él, y volver a aprender cómo debe verse el gobierno cuando gobierna un hogar saludable.

Dios diseñó que los padres tuvieran autoridad sobre sus familias. El gobierno tiene el derecho y la responsabilidad de intervenir si existe una actividad criminal o hay una amenaza para el bienestar de los niños o del cónyuge. Esto debe suceder. Gracias a los esfuerzos cada vez mayores de poner fin al tráfico de personas, una maldad que ha afectado a casi todas las naciones, el gobierno ha enfocado más atención a proteger a los vulnerables. Esta es una gran mejora comparado con generaciones anteriores; sin embargo, el problema de *quién forma y educa al niño* permanece. El gobierno no puede educar y formar al niño. Punto.

## CUANDO GRITA EL SILENCIO

O enseñamos a nuestros hijos intencionadamente sobre Dios, sobre la vida, sobre los valores, sobre la responsabilidad individual y el propósito y el destino de Dios para nosotros, o nuestro silencio les enseñará. No ser intencionales en estas cosas les enseña complacencia, indiferencia, un corazón dividido, vivir con cobardía y vivir para lo temporal antes que para lo eterno. Es vital que nos levantemos y enseñemos a nuestros hijos. Somos nosotros a quienes Dios ha dotado para lograr lo imposible mediante la generación que tenemos a nuestro cargo. Como todos los dones, la enseñanza se desarrolla mejor mediante el uso consistente.

A veces, los padres permanecen en silencio mientras el gobierno les arrebata las responsabilidades que Dios les ha dado. Ese silencio grita. A muchos que están en el poder les encantaría nada menos que controlar nuestros hogares y marcar a nuestros hijos con su ingenua influencia. Ellos no pueden darle a tu hijo una aspirina en la escuela sin tu aprobación, pero en muchos estados pueden permitir que a tu hija se le den píldoras anticonceptivas o que se realice un aborto sin tu aprobación. Esto es una locura. Una locura total. Las personas que piensan de este modo no tienen ningún derecho a gobernar.

Muchos oficiales del gobierno tienen buenas intenciones, y deben reaccionar a las pocas personas que muestran una gran negligencia en la educación de los hijos. Pero las buenas intenciones no pueden sustituir la sabiduría del diseño de Dios. No debemos ceder nuestro terreno en este asunto. Entender el modelo del Diseñador es fundamental. Considera en oración cómo responder al reto que enfrentas en tu parte del mundo.

Es necesario un gobierno grande cuando hay mucho pecado. "Por la rebelión de la tierra sus príncipes son muchos" (Proverbios 28:2). Esa es la naturaleza de las cosas en la sociedad. A medida que aumenta el pecado, el gobierno crece para ocuparse del problema cuando, de hecho, la raíz es el desmoronamiento del hogar. Lo creamos o no, la respuesta para solucionar la mayoría de los males de la sociedad es una vida familiar saludable. Da miedo ver qué porcentaje de hombres en el corredor de la muerte no tuvieron nunca un papá. No es complicado. La marea debe cambiar mediante nuestro enfoque diligente, y algunas veces militante (en oración y en la urna electoral), para recuperar influencia en nuestros estados y naciones. Entregarnos por completo a esta noble tarea no solo beneficia a nuestras familias; contribuye al ímpetu para que una generación sea restaurada a la intención de Dios, mientras que el gobierno regresa a los papeles que Dios le entregó: proteger y empoderar. ¿Puedes imaginar si nuestros líderes en el gobierno aceptaran sinceramente estos dos papeles? ¿Puedes imaginar lo que podría suceder a las generaciones siguientes? Las posibilidades son realmente gloriosas y asombrosas, si los líderes del gobierno honraran a Dios aplicándose a sí mismos a la tarea que Dios les asignó, en lugar de violar su diseño mediante su lucha arrogante por el poder.

## CÓMO ACERCARNOS A LOS EDUCADORES

Vivir con celo la realidad del diseño de Dios para el hogar situará en un lugar saludable la mayoría de los otros asuntos quebrados de la sociedad. Pocas áreas de necesidad en todo el mundo, ya sea el problema de la pobreza, la inmoralidad, las tensiones raciales o conflictos militares, no serían sanadas mediante familias saludables.

Hoy día, la sociedad ha creado sistemas educativos para ayudar en el privilegio de enseñar a los niños. Tenemos la bendición de contar con personas dotadas y compasivas cuyo único deseo es influenciar a una generación de niños para dirigirlos a su propósito y destino. Este ha sido uno de los dones que la civilización ha llevado a su gente. Inicialmente, las escuelas enseñaban tradiciones, habilidades y valores religiosos, pero finalmente se crearon escuelas para enseñar áreas más concretas de conocimiento como matemáticas, lectura y escritura. Yo no estoy en desacuerdo con este proceso, mientras no mine el papel de los padres. Sin embargo, trágicamente, minar el papel de los padres se ha convertido en el espíritu de los tiempos. Deberíamos ser capaces de tener lo mejor de ambos mundos contando con maestros profesionales que son delegados por los padres, no por el gobierno, para formar a nuestros hijos. Debemos participar en la educación de nuestros hijos para asegurar el resultado que deseamos.

Nos convertimos en "padres que dan miedo" seguidores de Jesús cuando tenemos la necesidad de controlar a nuestros educadores o el sistema educativo. Nosotros, los creyentes, a veces somos conocidos por lo que queremos controlar en lugar de dónde queremos servir. Los educadores se resisten automáticamente a cualquiera que intente controlarlos. Ellos tienen un don de discernimiento dado por Dios que deben utilizar para proteger su responsabilidad ante la sociedad de no ser controlados por ningún grupo.

Sin embargo, cuando hay preocupaciones con respecto a las que debiéramos actuar, hay una manera de acercarnos a los educadores y obtener resultados. Hemos descubierto que mostrar amor mediante un corazón de siervo recorre un largo camino en cuanto a afectar nuestro ambiente educativo. Cuando servimos a los educadores y los honramos, estamos mucho mejor posicionados para expresar nuestra preocupación cuando haya algún problema. Gana monedas emocionales hacia ese fin invirtiendo en quienes sirven a tus hijos sin demandar nada a cambio.

## ¡ESTO ES LA GUERRA!

Como dije anteriormente, nacimos en una guerra. Espero que esto lo tengas claro, pues de otro modo siempre estarás intentando darle sentido a lo que no tiene sentido, y encontrarás a alguien a quien culpar por lo inexplicable. Estamos en guerra. Y para no avivar animosidad hacia los sistemas impíos que nos rodean, permíteme recordarte cuál es la verdadera batalla. Está en la mente. Es por la mente.

No estamos en guerra con las personas, ni siquiera contra quienes quieren tomar a nuestros hijos y formarlos en ambientes anticristianos. Estamos en guerra contra las potestades demoniacas que inspiran y controlan a estos tipos de personas. La oración es nuestra herramienta para la victoria.

El apóstol Pablo nos da una perspectiva muy valiosa sobre esta batalla en 2 Corintios 10:3-5:

> Pues aunque andamos en la carne, no militamos según la carne; porque las armas de nuestra milicia no son carnales, sino poderosas en Dios para la destrucción de fortalezas, derribando argumentos y toda altivez que se levanta contra el conocimiento

de Dios, y llevando cautivo todo pensamiento a la obediencia a Cristo.

Las fortalezas son escondites para lo demoniaco, y esas fortalezas se describen como argumentos y toda altivez que se levanta contra el conocimiento de Dios. Dicho en términos sencillos, estos escondites son ámbitos de pensamiento. Al menos en parte, la esfera demoniaca está oculta en las ideas y pensamientos que son planteados en oposición arrogante al conocimiento de Dios. Llevar cautivos nuestros pensamientos a la obediencia a Cristo es como peleamos la batalla contra estos secuaces espirituales. Nuestro lugar de obediencia aquí nos permite ser eficaces más allá de nuestra propia vida pensante. Cuando hemos llevado cautivos nuestros pensamientos, ilustramos una mente santificada, evidenciada por las actitudes bosquejadas en Filipenses 4:8: "todo lo que es verdadero, todo lo honesto, todo lo justo, todo lo puro, todo lo amable, todo lo que es de buen nombre; si hay virtud alguna, si algo digno de alabanza, en esto pensad". Con una mente santificada estamos posicionados para derribar las ideas que se han levantado contra Dios mediante otras personas.

En un sentido mayormente negativo, nuestros medios de comunicación controlan la narrativa sobre cualquier tema dado. Este no es solamente un problema estadounidense; es generalizado en todo el mundo. Vivir en medio de un bombardeo de ideales demoniacos es una tarea desafiante, por decir lo mínimo. Debemos estar armados con la verdad.

Pero notemos, por favor, que para ser verdaderamente eficaces debemos unir la verdad a la compasión. Consideremos nuestro maravilloso privilegio de afectar el modo en que las personas ven la realidad. No lo logramos mediante la manipulación o el control; lo hacemos eliminando la influencia del mentiroso mediante la oración, la alabanza, y amar a las personas en verdad. La gente vive bajo engaño porque vive bajo la influencia del mentiroso. Cuando nosotros oramos y llevamos cautivas las falsas ideologías a la obediencia a Cristo, liberamos a las personas para que vean con claridad, a veces por primera vez en su vida. Este es el privilegio que tenemos.

Para mí, se ve como este escenario: digamos que tengo un vecino que ha cometido un pecado que siente que es imperdonable, de modo que no responderá al evangelio porque tiene la sensación de que no sirve de nada. Mi oración por él es algo parecido a lo siguiente: *Llevo cautivo el pensamiento que dice que Dios no perdonará y no puede perdonar el pecado de mi vecino. Declaro en el nombre de Jesús una revelación del amor de Dios, vista mediante su maravilloso perdón, sobre su vida. El deseo de Dios de perdonar es mayor que el pecado de este hombre.*

Al orar por él de ese modo, lidio con los ámbitos de engaño que lo han mantenido en oscuridad. Obviamente, esta manera de orar es vital también por nuestros hijos. Esto es especialmente importante si tienes una hija o hijo "pródigo". Este modo de orar también es útil para formar a nuestros hijos en una estrategia divina que los mantenga anclados en amor, a la vez que evitan sentir amargura contra personas que se aferran a tales perspectivas destructivas.

## EL PROBLEMA CON LA VERDAD

Sabemos que la verdad libera. La libertad es uno de los atributos prevalecientes de un ciudadano del Reino de Dios. Pero es común en la historia de la iglesia ver a personas utilizar la verdad para separar y abusar de alguien que pensaba de modo diferente. No es bueno que se nos conozca por este tipo de abuso, sin embargo, tristemente ha sido la reputación de la iglesia durante bastante tiempo.

Dos de mis héroes de la fe son John Wesley y George Whitefield. Ambos fueron grandes líderes en el avivamiento, y dieron forma al rumbo de la historia mediante su osadía, su fe y su predicación poderosa del evangelio. Pero ambos estaban en extremos opuestos del ideal teológico de la época. Charles Wesley, hermano de John, envió un poema a Whitefield que contenía las palabras: "Y debemos, ahora que estamos en Cristo, confesar con vergüenza: ¿nuestro Amor fue mayor cuando nuestra Luz era menor?".[4] En efecto, teníamos más amor cuando teníamos menos luz.

Esa es una afirmación asombrosa reconociendo que la luz (ver la verdad) requiere mayores cantidades de amor si queremos permanecer en el centro del corazón de Jesús para este mundo. Mi querido amigo y padre espiritual, Jack Taylor, lo expresa de este modo: "¡Hemos asesinado al amor con la verdad!".

Formar hijos con pasión y devoción por la verdad es una responsabilidad principal; pero hacerlo en el contexto del amor es una responsabilidad aún mayor.

## ¿INSENSATEZ O COMPASIÓN?

Quiero ilustrar brevemente este concepto con una situación que estamos viendo en California. En este momento hay un grupo de gente de la política que está intentando impulsar un proyecto de ley mediante nuestra legislatura estatal, que dice básicamente que si un niño siente que su género es diferente del género biológico con el que nació, los padres o cuidadores no podrán ayudar a ese niño dándole consejos. Solamente se les permite afirmar la nueva orientación sexual del niño. Quienes respaldan este proyecto de ley están tan determinados en esto, que la ley permitirá y empoderará al gobierno para pagar los tratamientos médicos necesarios para cambiar el género del niño, lo cual, a propósito, es irreversible.

Esto es insensatez disfrazada de compasión. Es lo peor que visto de cualquier grupo político. Proviene de las mismas personas que piensan que hay decenas de géneros. "Y creó Dios al hombre a su imagen, a imagen de Dios lo creó; *varón y hembra los creó*" (Génesis 1:27, énfasis añadido). Ideas como la de esta ley hallan aprobación mediante una misericordia no santificada, disfrazada de compasión. Es necesaria la

4. Charles Wesley, *Epistles to Moravians, Predestinarians and Methodists. By a Clergyman of the Church of England*, como se encuentra en "MS Epistles", Duke Divinity School, https://divinity.duke.edu/sites/divinity.duke.edu/files/documents/cswt/05_MS_Epistles.pdf, p. 49.

compasión para todos los involucrados. Punto. Seamos conocidos por nuestro amor; pero en el momento en que creer una mentira se convierte en una manifestación de aprobación, somos nosotros quienes más compasión merecen.

No son personas lunáticas que están en los márgenes de la sociedad. Son oficiales electos. Pocas cosas me han enojado tanto como que esta insensatez sea impulsada mediante marionetas políticas ignorantes. No hay ninguna excusa para esto. Cuando una cultura elimina el concepto de un Diseñador, perdemos toda sensación de diseño. Cuando ya no tenemos un diseño, perdemos responsabilidad y propósito, y quedamos libres para servir a nuestros propios deseos. Desaparecen los absolutos, causando que cualquier sensatez que quede se disipe. Es entonces cuando la perversión de la época se denomina normalidad, y a quienes se oponen a ella se les llama "insensibles e indiferentes". Sin embargo, nadie deja a personas en el segundo piso en un edificio que se está quemando y dice: "Ellos son felices y sinceros. Deberíamos dejarlos tranquilos". El amor verdadero requiere acción.

Este tipo de insensatez gobierna la época siempre que una generación exalta los derechos humanos por encima de las responsabilidades humanas. La responsabilidad automáticamente es rendición de cuentas. Y lo fundamental es que las personas no creen que tendrán que dar cuentas de sus vidas ante nadie. Por eso *dar cuentas de nuestras vidas* es una de las verdades fundamentales que debemos impartir a nuestros hijos. Responderemos ante Dios por lo que hayamos hecho con lo que se nos dio.

## USA TU CEREBRO

Debemos tener padres que *piensan*, que estén formando hijos que *piensan*, quienes estén dispuestos a meterse en medio del barro y producir cambio. Se necesita un gran discernimiento para abrirse paso por el engaño que ofrece la opinión pública y que fue creado por unos medios de comunicación impulsados por una agenda. Y aunque el asunto del discernimiento es fundamental, como lo es el mandato de encontrar la verdad, un reto aún mayor llega cuando intentamos hacer eso sin que las personas que tienen una perspectiva contraria se conviertan en nuestro enemigo.

Esta es una empresa que da miedo si tenemos la necesidad de agradar a todo el mundo en todo momento, lo cual, desde luego, es imposible. Pero muchos que se mantienen fuera de la controversia viven en la ilusión de que tienen favor. La ausencia de oposición no es favor; es simplemente una forma de paz que no es del Reino, ya que está basada en algo que falta: conflicto.

Quienes no tienen un argumento a menudo demonizan a las personas con perspectiva. Quienes se oponen a un asunto porque sostienen un valor moral son denominados a menudo *extremistas* por la iglesia, y son acusados de *falta de compasión* por parte del incrédulo. No caigas en una misericordia no santificada. Es una falsificación de lo verdadero, y nos sofoca para amar; y permite y aplaude la conducta autodestructiva en el nombre de *no mover la barca*. La verdadera compasión muestra un gran amor e interés por las personas que difieren. También hay una falta de disposición a trabajar para entender el asunto desde la perspectiva del otro. Tales esfuerzos dan gran fruto a largo plazo.

Si las personas se niegan a ver, su único recurso es atacar la credibilidad de su oponente. Se denomina subterfugio, ya que desvían la atención del asunto. Mi preocupación es por las personas que tienden a ser moldeadas por la opinión pública por encima de los estándares bíblicos. La *política de pensamiento* de la sociedad utiliza tácticas de linchamiento de las turbas del Lejano Oeste para condenar a cualquiera que amenace sus ideales.

Quienes están atados por el temor del hombre tienen mayor dificultad para adoptar una postura, ya que gran parte de su identidad está vinculada a la aprobación de otros. La aprobación es importante, igual que lo es la necesidad de pertenecer, de ser amado y valorado. Asegurémonos de valorar el favor de las personas que es el resultado del favor de Dios.

Esto tiene una importancia vital, pero no solo debido a los asuntos involucrados. Es extremadamente importante que aprendamos a pensar de una manera bíblicamente sensata, sin demonizar a quienes difieren. Al hacer bien esto, creamos un impulso para nuestros hijos en el que pueden aprender a valorar la verdad, mientras que al mismo tiempo aman a quienes piensan de modo diferente.

## CÓMO FORMAR TRANSFORMADORES

Estamos formando a nuestros hijos para que cambien el mundo. Literalmente. Para producir bien el cambio necesitarán entender cultura, gobierno, justicia y educación. Es vital para ellos percibir la naturaleza de la cultura bíblica, que es lo opuesto al mantra políticamente correcto de la época. El enfoque políticamente correcto está sin Cristo y suena a sabiduría, aunque es la jerga de los necios. No es lo que necesitamos para llegar a ser como otro Israel, pero es vital que veamos cómo dice Dios que debería operar una sociedad. El gobierno piadoso es distintivo en que, por naturaleza, proporciona protección y empoderamiento. Estas cosas deben llegar a ser fundamentales para la ambición y estrategia de nuestros hijos en cuanto a cómo producir cambio.

Recitar valores religiosos, citar versículos y otras cosas parecidas no produce cambio. No estoy diciendo que la Biblia no tiene poder, pues sin duda eso sería incorrecto. Es solamente que es difícil inspirar a personas para el cambio cuando citamos un libro al que no consideramos valioso. Lo que sí valoran esas personas es infructuoso. Es posible, sin embargo, que les proclamemos los principios del Reino de Dios sin citar nunca un versículo.

Por favor, entiende que no estoy intentando llegar a ser popular. Eso tiene muy poco valor para mí. Tampoco me interesa aguar la verdad ocultando la Palabra de Dios. En cambio, estoy profundamente comprometido con la eficacia y la sabiduría. La eficacia se encuentra en el hecho de que la verdad produce fruto, y es difícil negar que los principios del Reino funcionan siempre que tenemos la autoridad para demostrarlos.

La sabiduría se encuentra en que solamente Dios entiende los verdaderos pilares de una sociedad que perdurará. Estúdialos. Proclámalos. Modélalos en cualquier medida de gobierno que tengas en tu vida.

Es posible vivir con poder de una manera transformadora llevando la sabiduría del mundo de Dios a este mundo, sirviendo con poder para lo milagroso, y aun así nunca llegar a ser verdaderamente religiosos. Si trabajamos enteramente con personas de la iglesia –aquellos que tienen un valor cultural hacia la Biblia– citar versículos es poderoso. Simplemente no funciona con esas personas que creen que el valor de la Biblia es arcaico en su naturaleza.

Lo que me gusta sobre la idea de vivir una vida fructífera delante de los demás es que llegamos a introducirlos a los caminos del Reino de tal modo que llegan a tener hambre del Rey. Te recuerdo el versículo: "Gustad y ved que el Señor es bueno" (Salmos 34:8 NVI). *Gustar* es experiencia. *Ver* es percepción. Lo que gustas influenciará lo que ves. Es la experiencia lo que a menudo nos abre a un cambio de percepción. Hacer esto para el incrédulo es un modo brillante de llevar a personas a Jesús en medio de un mundo impío. Dejemos que gusten la realidad de su amor y su gobierno, y eso cambiará lo que ellos ven y su modo de pensar.

## UNA COSA MÁS

Es esencial que nuestros hijos aprendan de nosotros gobierno bíblico, ya que muy pocas escuelas lo enseñan ya. Entiéndelo por ti mismo para que así puedas al menos plantar semillas que puedan crecer a medida que tus hijos entran en la edad adulta, y finalmente llegan a una posición para prender el cambio. El Reino de Dios, que es el modo de vida, es muy atractivo y *bíblicamente* lógico si se muestra correctamente. Y cuando se muestra correctamente, produce un fruto que es deseable para todos.

No escribí este capítulo para poder desahogarme, ni tampoco para poder destacar los males de la sociedad. Me parece que esos dos enfoques tienen poco tiempo de vida en efecto y son nauseabundos en experiencia. No debemos ser ignorantes de los problemas, desde luego, ya que vivimos en medio de tal declive. Sin embargo, busco que nuestros hijos se conviertan en la voz de la razón para su generación.

Tampoco escribo estas cosas para poder argumentar sobre ellas y protestar. Ese enfoque de la vida es muy poco satisfactorio, y se queda corto sobre lo que es nuestra tarea. Aunque atraer la atención a lo equivocado tiene mérito, en raras ocasiones es un enfoque que se me ha asignado llevar a cabo.

Escribo estas palabras con esperanza del cuadro general. Las escribo para que nuestros hijos y los hijos de nuestros hijos estén armados con perspectiva, amor, sabiduría y poder, de modo que produzcan un cambio duradero en las ciudades y naciones del mundo. Nuestros hijos recibirán lugares de gran influencia debido al modo en que fueron formados y educados. Anhelo verlos prendidos con convicción como respuesta al lugar en la vida que Dios les ha dado.

Escribo con la esperanza de un futuro mejor.

# 12

# AVIVAMIENTO PARA REFORMAR

Los asuntos de los que hablé en el capítulo anterior acerca del gobierno y similares se merecen un libro aparte, pero no es uno que yo quiera escribir. Sin embargo, me gustaría añadir algunos pensamientos para identificar la verdadera esperanza para todas nuestras naciones. La respuesta obvia a nuestra necesidad es Jesús, una respuesta que se ha aplicado de diferentes maneras a lo largo de la historia. Algunas veces, el cambio que se produce es duradero; y otras veces es una actividad espiritual de corta vida que tiene un efecto muy poco duradero, excepto sobre quienes fueron salvos. La salvación es el cambio supremo, pero trágicamente, el poder de transformación con frecuencia se queda confinado a las cuatro paredes de la iglesia.

Cuando el mover de Dios no tiene un impacto en la cultura en sí, nos quedamos con estiércol de palomas. El estiércol de palomas representa lo que queda después de que la paloma se ha ido: "Y hubo gran hambre en Samaria, a consecuencia de aquel sitio; tanto que la cabeza de un asno se vendía por ochenta piezas de plata, y la cuarta parte de un cab de *estiércol de palomas* por cinco piezas de plata" (2 Reyes 6:25, énfasis añadido). La paloma en la Escritura representa al Espíritu Santo, que descendió sobre Jesús con poder en su bautismo en agua. Dice que la paloma descendió sobre él (ver Lucas 3:22). Jesús modeló un movimiento de Dios continuado que lo cambió todo debido a esta presencia permanente. El estiércol es lo que queda, sin embargo, cuando la paloma se ha ido; es decir, cuando el Espíritu Santo ya no está involucrado en nuestras vidas, iglesias y ministerios.

La intención de Dios en todo avivamiento es mucho mayor que el que nosotros como creyentes experimentemos una breve mejora en nuestra fe. Yo soy pentecostal por todos los costados, y estoy muy agradecido por mi herencia. Es desgarrador ver que algunos de los grandes movimientos pentecostales de Dios perduraron solamente unos pocos meses o años, y tuvieron muy poca influencia a largo plazo. Sin duda, las incontables cantidades de personas que nacieron de nuevo durante aquellos avivamientos fueron cambiadas para siempre; sin embargo, se produjo muy poca transformación en las ciudades y naciones de las que aquellas personas eran parte. Esto nunca debería dejarnos conformes. Según mis cálculos, todo avivamiento tiene las semillas de la reforma en él, si aquellos que son afectados por el derramamiento del Espíritu aprenden a traducir los efectos a la vida diaria práctica.

¿Para qué estás formando a tus hijos? ¿Cuál es el propósito de su existir? Desde luego, es amar a Dios y a su pueblo. Y sí, es ser fieles y ser buenos testigos. Queremos que ellos sean exitosos en cada parte de sus vidas. Eso está garantizado. Pero ¿qué quiere Dios de esta generación? ¿Cuál es el objetivo que deseamos que alcancen y que tendrá un gran impacto en su mundo? Yo creo que deberíamos aprender y estar expuestos a los grandes movimientos de Dios. Al hacer eso, aprenderemos cómo ver que el cambio llega a la sociedad misma por medio de esos derramamientos del Espíritu.

## ALTIBAJOS DE LA ASISTENCIA A LA IGLESIA

Se ha demostrado que, al menos en los Estados Unidos, las ciudades que tienen una mayor población asistente a la iglesia tienen las peores estadísticas sociales. Yo nunca supondría que la asistencia a la iglesia es el problema, ni tampoco creería nunca que el crimen o el divorcio aumentan porque las personas asisten a la iglesia. Pero sí que presenta un reto para las personas que asisten a una iglesia vibrante, y suponen que porque hay esa vida dentro del edificio y sus programas, eso en sí mismo está afectando a su ciudad. Ese sencillamente no es el caso. No creo que al diablo le importe si tenemos buenas reuniones, nos emocionamos con respecto a la iglesia y nos encanta estar juntos; mientras no llevemos esas opiniones y perspectivas a la comunidad, donde tendrán el mayor impacto.

Es común que los asistentes a las iglesias crean que la respuesta a los males de su ciudad es conseguir que llegue gente a sus edificios. Me encanta el hecho de que las personas puedan asistir a nuestras iglesias tan estupendas y vean sus vidas cambiadas. El verdadero problema, sin embargo, es que queremos que ellos entren en lugar de salir nosotros.

La respuesta no está ni siquiera en campañas más poderosas, por mucho que a mí me gusten esas actividades. La respuesta es personas que están enamoradas de Jesús apasionadamente, que creen que Dios tiene respuestas para cada problema en la sociedad. Desde ese lugar de convicción ardiente salimos para ser la levadura en la masa, donde el cambio es entonces inevitable.

## TOMAR RESPONSABILIDAD

Creo que quizá el mayor desafío cuando encontramos un grupo de personas a quienes les encanta su iglesia local, es conseguir que adopten los problemas que les rodean en sus ciudades. Sé que a nosotros en Bethel, nos encanta estar juntos. Como dijo uno de los miembros de nuestro equipo de personal: "Nos amo". Yo también. Nuestra mayor fortaleza es que no necesitamos a nadie.

Sin embargo, esa es también nuestra mayor debilidad. Redding tiene una población asistente a la iglesia muy grande. También tenemos valientes ministros del evangelio en los santos cotidianos que llevan el amor de Dios a las calles de nuestras ciudades. En algunos aspectos sobresalimos en eso; pero también tenemos un índice muy alto de personas sin techo y crimen. Hay razones para eso que no necesito abordar aquí. De lo que es importante que hablemos aquí y ahora, sin embargo, es que un movimiento de Dios genuino tiene los elementos para la transformación social integrados en su ADN.

Para contribuir al bienestar de nuestras ciudades, debemos tomar la responsabilidad en oración y en acción para llevar mejora a nuestras regiones. Una de las maneras más prácticas en que podemos hacer eso a largo plazo es ser intencionales en cuanto a cómo formamos y educamos a nuestros hijos. Debemos formarlos con un propósito divino.

## EL MOVIMIENTO JESUS PEOPLE

Recuerdo muy bien el movimiento Jesus People de la década de los setenta. Fue algo muy notable ver a miles y miles de jóvenes acudir a Jesús. Chuck Smith se convirtió en uno de los principales padres de ese movimiento. Él tenía un amor inquebrantable por los hippies, independientemente de su ropa o su olor. Cuando muchos querían poner en la puerta de la iglesia códigos de vestimenta, el pastor Chuck daba la bienvenida a todo aquel que estuviera dispuesto a entrar. Fue verdaderamente un periodo notable. La unción para el evangelismo era tan fuerte que se podía decir casi cualquier cosa y había personas que querían entregar sus vidas a Jesús. Tenemos una gran deuda de gratitud con Chuck Smith y otros como él que emplearon sus fuerzas en ese gran mover de Dios.

A pesar de lo notable que fue aquel periodo, hubo una mosca en el ungüento. Probablemente varias, pero la que quiero mencionar aquí es el hecho de que una gran parte de la iglesia esperaba que Jesús regresaría en cualquier momento. Las señales de los tiempos, sin duda, señalaban a ese hecho, ya que los días eran oscuros, con una maldad en aumento y aparentemente por todas partes. Yo no me opongo a la teología del regreso de Cristo. Creo firmemente que Él va a regresar y que no sabemos cuándo lo hará. Mi problema no es con la idea de su regreso; es con la respuesta de la iglesia a esa promesa, cuando los creyentes creen que quita de ellos la responsabilidad de producir transformación.

Tuvimos una generación de líderes jóvenes y brillantes que se convirtieron durante aquel movimiento; pero no quisieron estudiar en la universidad porque Jesús llegaría en cualquier momento, y pensaban que, en cambio sería mejor evangelizar. Creían que los estudios serían una pérdida de tiempo. Sonaba muy bien, excepto que no lo era. Le robó a la sociedad el ver lo que podría suceder a una generación si personas que amaban totalmente a Jesús, entraban en diversas profesiones para así poder representarlo bien a Él a la hora de producir sanidad a nuestras ciudades y naciones.

Algunas de nuestras personas mejores y más brillantes no persiguieron la excelencia en los estudios por esta razón. Por si eso no fue lo bastante trágico, quienes estaban sin Cristo sí persiguieron sus metas y ambiciones, lo cual posicionó a los impíos para llegar a ser los actuales profesores en nuestras universidades, jueces en nuestro sistema judicial y alcaldes de nuestras ciudades. En una época en la que lo que más necesitábamos era una generación de personas que amaran a Jesús y persiguieran su lugar de influencia en la vida, ellos estaban en otros lugares esperando el regreso de Jesús. Tenemos que encontrar una manera de anticipar amorosamente el regreso del Señor sin olvidar nuestra responsabilidad de "ocuparnos entre tanto que Él viene" (ver Lucas 19:12-14).

Creo que esta es una de las más grandes tragedias en la historia de la iglesia. Realmente tuvimos una generación de nuevos creyentes con celo posicionados para crecer en su llamado y producir un cambio en la sociedad mediante llegar a ser excelentes en sus profesiones. Ellos habrían estado en el lugar adecuado para aprobar leyes que defendieran la rectitud y la justicia. Podrían haber enseñado a una generación cómo eran los valores morales y la responsabilidad desde sus posiciones de honor en la universidad. Habrían gobernado con un corazón de siervo desde su lugar de influencia política. Pero todo eso no sucedió. En muchos de los sistemas de este mundo en la actualidad (educativo, judicial, político, médico, y otros) gobiernan los impíos. El diablo lo planeó con antelación. Nosotros no lo hicimos. Es trágico.

## AYUDA, ¡SOMOS PADRES!

Sé que mi apelación hacia ti como padre o madre puede que sea a veces un poco abrumadora, pero, por favor, sigue leyendo. Tú tienes un don que ha de impactar a las naciones del mundo: tu hijo. Él o ella tienen el potencial y la tarea de vencer a los gigantes de nuestro tiempo. No es que cada hijo pueda llegar a ser presidente, o que todos ellos puedan llegar a ser cirujanos o deportistas de élite, o el siguiente Billy Graham. Pero todos tienen un papel que desempeñar para llevar a cabo los propósitos de Dios en la tierra: que todos los reinos de este mundo le pertenezcan a Él. Por completo.

La estela espiritual que dejan atrás tus hijos tiene poco que ver con su título en la vida y todo que ver con la profundidad de su carácter y de la naturaleza de su *sí* a Dios. Hemos de ayudar a nuestros hijos a responder las preguntas sobre por qué estamos aquí, cuál es nuestra tarea, y cuál es el propósito de Él en la tierra. Todos pueden y deben dejar una marca a este respecto.

Aunque quiero ver a nuestros hijos convertirse en los abogados y jueces de la siguiente generación, también quiero que lleguen a ser los directores generales que conocen la excelencia, la compasión y la creatividad, a medida que influyen en el sistema de valores de los grandes negocios de nuestra nación (o de la tuya). Quiero verlos en los despachos políticos de las naciones. Necesitamos que vivan con una entrega absoluta e intachable en su enfoque del servicio, que lleguen a ser la levadura que está dentro de esos ambientes algunas veces corruptos.

Necesitamos esas cosas para nuestros hijos y para nosotros mismos, pero si solamente medimos el éxito de nuestros hijos por el título de su empleo o los galardones que reciben como reconocimiento de sus talentos, nos habremos quedado cortos. Esther, Daniel y José fueron todos ellos personas de la Biblia por los que tenemos un gran respeto, pero ninguno de ellos fue el presidente, primer ministro, reina o rey de sus naciones. Sin embargo, su *sí* a Dios liberó a varias naciones de una destrucción segura, liberándolos hacia sus destinos divinos. Cada uno de esos líderes recibió el privilegio de servir a la persona que estaba en lo más alto de la estructura política, en lugar de ser él o ella mismos el número uno. Desde su lugar oculto de influencia, fueron cambiadas naciones.

Padres o abuelos, ustedes son los líderes del gobierno de Dios más práctico y poderoso en el planeta. La familia reina de modo supremo. Y aunque hay muchos días en los que la supervivencia parece ser una meta lo bastante buena, por favor no perdamos nunca de vista lo que es posible durante nuestra vida. Es posible formar a una generación de hijos que saben cómo es el poder de Dios y como operar en él, y sin embargo tienen la sabiduría para ayudar a dar forma al sistema de valores de su nación durante décadas venideras. El avivamiento, el maravilloso derramamiento del Espíritu Santo, debe traducirse en un impacto reformador. Le debemos al mundo una vislumbre de lo que es tener al Rey Jesús gobernando con poder y propósito. Esta es nuestra responsabilidad privilegiada.

## CALVINO Y LOS MUCHACHOS

Recientemente celebramos los quinientos años de la Reforma. Cuando el Señor comenzó a avivar por primera vez mi corazón hacia este tema, fui profundamente influido por este grupo de líderes espirituales que influenciaron la cultura de una sociedad cuando tuvieron la oportunidad. No he leído de ninguna reunión llena de poder donde los enfermos fueron sanados y los muertos fueron resucitados. Quizá ocurrió, pero no se les conoció por eso. Lo que ellos experimentaron no se calificaría para lo que muchos de nosotros podríamos considerar un gran mover de Dios, comparado con nuestra propia experiencia. Sin embargo, ellos influyeron en cientos de años de historia mundial. Esto es extraordinario.

Todo eso me movió tan profundamente que organicé las cosas para pasar un par de días en Ginebra, la ciudad que está estrechamente relacionada con la Reforma, solamente para examinar este fenómeno. Me fui de allí con algo bastante convincente. Estos líderes espirituales produjeron un cambio porque creían que Dios tiene respuestas para cada problema de la vida. Creían que Él tiene una manera de llevar a cabo la banca, la educación, la medicina, y otros ámbitos. El punto es que Dios es práctico, y a veces nosotros no lo somos. Los despojos fueron para aquellos que creyeron que Dios tiene respuestas. Ellos enseñaron esas respuestas y las aplicaron a sus vidas, y al hacerlo dieron forma a su mundo con las perspectivas de Dios para la vida. Esto creó una bendición sobre una región del mundo que sigue teniendo influencia en el mundo que le rodea. Las Naciones Unidas, el Banco Mundial, YMCA, Rolex, Cartier, y muchas otras instituciones de excelencia y de servicio humano tienen sus oficinas centrales en Ginebra o tienen ramas principales allí. Las semillas del significado fueron plantadas hace siglos atrás.

Estamos formando hijos con propósito. Una de las cosas más fáciles del mundo es perder de vista el cuadro general, porque llegamos a estar muy abrumados con el periodo en el que estamos: el tiempo que llevan pañales, cuando dejamos de sonarles la nariz, sus horarios tan desafiantes en la liga menor, hasta las tentaciones que enfrentan en la secundaria. En esos periodos, es tarea de los padres el tener en mente el por qué, cómo y qué. El punto es que hay muchas cosas sucediendo en nuestras familias, pero les debemos a nuestros hijos y al mundo que nos rodea seguir siendo conscientes del cuadro general. Estamos formando vencedores de gigantes que tendrán un efecto sobre el curso de la historia mundial. Ora eso. Cítalo. Cántalo. Declaralo. ¡Estamos formando vencedores de gigantes que tendrán un efecto sobre el curso de la historia mundial!

# 13

# SEXUALIDAD POR DISEÑO

Dios es el Padre de la vida. De toda la vida. Él creó este mundo para su agrado y para el nuestro. Él se deleita en todo lo que ha hecho, dándonos acceso a esa misma alegría. Nosotros contemplamos belleza día tras día porque Dios se deleita en nuestro disfrute de lo que Él ha hecho. Él no creó la comida solamente para darnos energía y salud; la diseñó para que incluyera darnos también placer. Mientras escribo estas palabras estoy recordando los duraznos que me entregan en mi casa cada semana a lo largo de los meses de verano. Dulces duraznos orgánicos; ¡puro placer! Esta es la naturaleza de nuestro Padre y el diseño que Él tiene para cada parte de nuestras vidas. Confiar en el Diseñador es el movimiento más inteligente que cualquiera de nosotros podría hacer.

Dios crea normas y límites de conducta para proteger la vida, y no los pone en su lugar porque esté en contra de nuestro gozo o placer. Precisamente lo contrario. Los límites que Dios nos ha dado para la vida están ahí para proteger su meta para nosotros: el placer supremo, tanto ahora como en la eternidad. El pecado produce placer, pero solamente en el momento. Una vida recta produce un placer sostenible a lo largo de toda la vida.

Me encanta Proverbios 10:22: "La bendición de Jehová es la que enriquece, y no añade tristeza con ella". Cuando los avances de la vida vienen de la mano de Dios, no llegan con tristeza añadida. No hay una cuota al final que nos haga lamentar nuestra decisión de obedecer a Dios. Es importante entender el principio implicado en este versículo. Si mi "riqueza" viene de mi propia mano, ya sea mediante un beneficio financiero deshonesto, pecado sexual o autopromoción, llega con un costo. Siempre. Siempre hay tristeza añadida al placer obtenido fuera del diseño de Dios. No es castigo. El dolor está causado siempre que violamos el diseño. En este caso, el dolor y la tristeza del pecado son los recordatorios de que nosotros no somos Dios, no podemos diseñar nuestro propio camino, y debemos adherirnos al propósito de Él para descubrir por qué estamos vivos. Repito: Él nos creó con un propósito específico, para su agrado y también para el nuestro.

## EL GOZO DEL SEXO

Dios creó el sexo para ser disfrutado. El sexo es para la procreación y también para el placer, pero Dios también creó el entorno o contexto para el sexo. Ha de disfrutarse solamente dentro de la relación de pacto llamada matrimonio, entre un hombre y mujer. Cualquier cosa que difiera de eso es pecado. Puede conducir a un placer inmediato, pero tendrá un costo. El pecado es muy caro.

Kris Vallotton, el fundador de Moral Revolution (Revolución Moral), nos recuerda que el primero en enseñar sobre un tema crea la norma mediante la cual se mide toda la nueva información. Esto significa que cuando los padres construyen un ambiente sexual saludable, enseñando a sus hijos el lugar y el propósito para nuestra sexualidad, lo que escuchen entonces los niños de parte de sus educadores y amigos será comparado con la norma que sus padres ya han establecido.

Desgraciadamente muchos padres esperan hasta que sus hijos ya han sido adoctrinados en el tema del sexo por un sistema impío. Entonces su enseñanza y sus perspectivas son medidas según lo que ya se le ha enseñado al niño. Desde ahí se convierte en una batalla cuesta arriba.

## PUREZA, CON UN ANILLO INCLUIDO

Cuando mis hijos varones crecieron y llegaron a la madurez y al desarrollo, los llevé individualmente conmigo para una cena especial, y Beni hizo lo mismo para Leah. Condujimos desde Weaverville hasta Redding para esa cena especial e individual. Una vez más hablamos de nuestra sexualidad con ellos y del porqué Dios nos dio un impulso sexual. Donde hay vergüenza acerca del deseo sexual y la sexualidad, esa vergüenza conduce a las personas a prácticas secretas. No querrás eso como padre o madre. Querrás tener un sentimiento de apertura y sinceridad, y poder hablar de estas cosas con tus hijos. Nosotros fuimos muy intencionales acerca de establecer ese tipo de atmósfera con nuestros hijos, y llevarlos a cenar fuera para aquella ocasión especial y esa conversación formaba parte de eso.

Es una mentira pensar que un impulso sexual nos define o nos controla. No somos definidos por nuestras tentaciones. Resistirnos a las cosas que están fuera del propósito, y el plan de Dios nos fortalece; y esa fortaleza se mostrará en muchas áreas de la vida no relacionadas a medida que aprendemos a qué vamos a decir sí. El autocontrol no es meramente la capacidad de decir no a algo equivocado; es el compromiso total al *sí* correcto, que deja poca fuerza para cualquier cosa contraria.

Vivir con autocontrol en nuestro apetito sexual es algo hermoso. Cuando nos casamos, entonces podemos entregarnos por completo a nuestro cónyuge de una manera que ninguna otra persona ha disfrutado con nosotros. Esa noche especial entregamos a nuestro cónyuge algo que hemos peleado para proteger: nuestra pureza sexual. El regalo de la pureza en la noche de boda es hermoso. Es a la vez valiosísimo y algo que vale la pena proteger.

Después de nuestra charla le di a cada uno de mis hijos varones un anillo muy especial para significar su pacto delante de Dios y delante de mí. Ese anillo de pureza era un recordatorio físico de un valor acordado para sus vidas.

Como padres, no estamos ahí para matar la alegría de madurar o de tener citas para nuestros hijos. Estamos ahí básicamente para decir: "Lo que quieres en la vida es un matrimonio gozoso; y esto es lo que se necesita para tenerlo".

## EL PROPÓSITO Y LAS NORMAS PARA LAS CITAS AMOROSAS

Hay muchas cosas integradas en nuestra cultura actual que conducen a las personas hacia una experiencia sexual. Las citas amorosas no deberían reflejar esta norma falsa establecida por una sociedad impía. El sexo es para el matrimonio. Punto.

Como nos interesamos por nuestros hijos, Beni y yo establecimos normas para sus citas amorosas. Es interesante que muchas personas han acudido a Beni a lo largo de los años para preguntarle por esas normas. Como mencioné anteriormente, los amigos de Brian llegaban a casa con él para dialogar de estos temas con su mamá. Ella se convirtió en una defensora de todas las cosas rectas y puras. Era tan buena en este tema que, hasta la fecha, hay personas que le siguen preguntando sobre establecer normas bíblicas para las citas. Alguien le dirá a una amiga: "Necesitas hablar con Beni. Ella te ayudará a saber qué hacer".

A continuación, tenemos las normas que Beni y yo establecimos con nuestros hijos para las citas amorosas:

1. Nunca estar a solas en la casa con una persona del sexo opuesto.
2. No hacer nada que creará una expectativa o apetito para un encuentro o experiencia sexual. Ya sea una película que están viendo o un toque físico, mantenerse alejados de crear una expectativa de algo que es equivocado.
3. Participar en actividades saludables con otras personas con ideas similares. Trágicamente, muchos que confiesan a Cristo viven con una brújula moral muy baja. Mantenerte alejado tanto como sea posible de personas que no afirmen tus valores, especialmente en las citas amorosas.

4. Nada de besos con lengua. Es una manera maravillosa de besar, pero provoca excitación sexual. Beni y yo decidimos al comienzo de nuestra relación prematrimonial mantenernos alejados de eso. La excitación sexual antes del matrimonio crea una norma falsa para una relación saludable. El sexo es extremadamente importante en el matrimonio, pero a pesar de lo importante que es, forma una parte muy pequeña de la relación. Trabajemos para edificar habilidades de comunicación.
5. Ser sabios. Participar en actividades que refuercen las metas de una relación de noviazgo sana, mientras al mismo tiempo se evita la tentación sexual. Estar juntos en lugares públicos es bueno, especialmente en actividades de la iglesia y similares. Beni y yo probablemente tuvimos solamente dos citas reales en nuestros dos años antes del matrimonio. Pasábamos tiempo en la casa de ella con su familia presente, o participábamos en actividades con otros creyentes. Los ambientes eclesiales y familiares son buenos.

El propósito de las citas amorosas y el noviazgo es explorar la personalidad, los valores, la herencia y el modo de pensar de la persona en la que estamos interesados. No deben tener los mismos trasfondos o personalidades. Es más divertido si existe diversidad, pero esa diversidad es mejor que incluya comprensión, o habrá problemas. Entender y valorar las diferencias recorre un largo camino a la hora de edificar una relación de confianza donde la buena comunicación sea la norma.

Cuando una pareja se dirige al altar, una o ambas partes pueden decir: "De todos modos nos vamos a casar, así que tengamos sexo ahora". Escucha: sigue siendo erróneo. Y si alguien quebranta la ley de Dios antes del matrimonio, probablemente lo hará también después del matrimonio mediante el adulterio. En los casos en los que esas normas han sido quebrantadas, hay perdón; pero también debe haber sanidad del problema que causó el fracaso en un principio. Los pecados profundos necesitan un arrepentimiento profundo.

## EL ACTO MATRIMONIAL

Cuando dos personas participan en el acto sexual, se hacen una. Este hermoso misterio fue creado para el matrimonio. Unidad y ser uno es el deseo de Dios para toda pareja que se sitúa ante el altar. Es la naturaleza de Dios mismo: Padre, Hijo y Espíritu Santo. Como tal, es su diseño para aquellos de nosotros que estamos casados.

Este maravilloso misterio de la vida debe atesorarse tal como es: el diseño de Dios. En este contexto es donde descubrimos cómo el matrimonio ha de ilustrar a Jesús y su amor por su esposa: la iglesia (personas). El matrimonio en lo natural debe ser la sombra de esta realidad mayor. Jesús ama a la iglesia y se entregó a sí mismo por ella.

En nuestra conversación fuimos hechos uno con Dios, y esa realidad ilustra la belleza del matrimonio. El deseo del Señor es que el hogar sea el ambiente saludable conocido en el cielo. Es aquí donde el esposo y la esposa viven en comunidad, y sus hijos son formados y educados en esa atmósfera. Como dije anteriormente, una descendencia piadosa es el resultado, y era la meta de Dios, desde el inicio (ver Malaquías 2:15).

La parte que da miedo de esta ecuación llega cuanto miramos a quienes cometen adulterio. En un estilo de vida inmoral, las personas entregan una parte de sí mismas, una y otra vez. Cuando un hombre se une con una ramera, está uniendo al Cristo que está en él con esa ramera. Solamente pensar en esto debería aterrar a cada creyente verdadero, ya que lleva contaminación a lo inmaculado: el nombre de Jesús. ¿Acaso no es esta la advertencia que nos hace 1 Corintios 6:12-20? Yo creo que lo es. Aunque es imposible hacer que el nombre de Jesús sea impío mediante nuestras acciones, solamente la idea de violar el privilegio de ser uno con Cristo debería tener un efecto aleccionador sobre cualquier creyente que esté pensando en una opción tan inmoral. La misma advertencia contra tal mezcla se nos enseña en 1 Corintios 10:21-22: "No podéis beber la copa del Señor, y la copa de los demonios; no podéis participar de la mesa del Señor, y de la mesa de los demonios. ¿O provocaremos a celos al Señor? ¿Somos más fuertes que él?".

## NORMAS DEL AMOR

Cuando mis hijos eran pequeños vivíamos en la autopista 299, que iba desde Eureka, en la costa de California, hasta Weaverville y Redding, y más allá. Era una autopista de solo dos carriles, pero muy ajetreada y con un tráfico potencialmente peligroso. La explotación forestal era una gran industria en aquella zona, ya que estábamos rodeados de bosques. Como resultado, creé algunas normas para la seguridad de mis hijos.

Siempre era mi deseo que mis hijos me obedecieran porque sabían que yo era sabio y que siempre estaba buscando sus mejores intereses. Era pura lógica decirles que no se les permitía cruzar esa autopista. Yo podía imaginar a mis hijos, desde cinco hasta diez años de edad, intentando sortear los peligros en esa carretera. Era una fórmula para el desastre, de modo que mi instrucción para ellos seguía pautas como la siguiente: "No crucen esa autopista. Si intentan hacerlo y llegan a sobrevivir a la experiencia, tendrán que responder ante mí cuando regresen".

Un día, un amigo mío llegó a nuestra casa para charlar, y él era el alguacil para nuestro condado. Me dijo que había tenido que hacer un viraje rápido en esa autopista para no atropellar a un niño: el mío. Uno de mis muchachos había violado mi norma. Yo agradecí sinceramente a mi amigo que me lo hiciera saber, y entonces tuve una "reunión" con mi hijo. Nunca más volvió a suceder.

En realidad, no me importaba si, como resultado de mis normas, mis hijos pensaban que yo era desagradable o injusto, o que no los entendía. Yo quería que ellos vivieran, y para ayudar con eso establecí en sus mentes una consciencia de las consecuencias de la desobediencia. Y si ellos desobedecían y vivían, y si no había ninguna consecuencia, entonces existía la posibilidad de que siguieran desobedeciendo hasta que murieran.

Las leyes y normas de Dios están ahí para proteger la vida; están para proteger el amor. Él es un Padre mucho mejor en todos los aspectos posibles. Él integra en nosotros una consciencia de consecuencias y recompensas. Ser conscientes de esas cosas y ayudar a nuestros hijos a ser conscientes de esas cosas nos da a todos una ventaja maravillosa en la vida.

## NUESTRAS NORMAS

Nosotros teníamos normas estrictas sobre cómo vivíamos en nuestro hogar. Y aunque esta siguiente norma quizá no sea importante para ti, sí lo era para nosotros. No permitíamos que sonara ninguna música secular en nuestro hogar. No me disculpo por eso. Sé cómo me afectaba a mí la música en mis primeros años, y decidí en contra de que mi familia fuera influenciada por las letras seculares. Esa fue una decisión que yo tomé. En toda justicia, tengo que decir que tengo muchos familiares y amigos que piensan completamente diferente en este tema, y siento todo el respeto por ellos ya que son capaces de monitorear bastante bien ese asunto en sus hogares.

Lo que me preocupa al respecto es que cuando escuchamos música o vemos una película, a veces recibimos inconscientemente de la imaginación de otra persona. La imaginación es maravillosa, cuando es influenciada por los valores del Reino. De hecho, la imaginación entregada a Dios se convierte en la imaginación santificada. La imaginación entregada es la que está posicionada para recibir visiones y sueños. Pero algunas veces somos expuestos a una imaginación muy impía en la pantalla o en una canción. Yo no hago de mi norma una ley, en absoluto. Solo vivo consciente de ello.

Decidimos vivir con normas estrictas en nuestra casa desde los primeros tiempos. En lugar de permitir mucha influencia secular, enfocamos nuestros corazones en lo que el Señor estaba bendiciendo. Estábamos siendo intencionales. Con cualquier norma que establezcas, asegúrate de proteger a tu familia de una influencia impía innecesaria. Ese es el punto. Puedes permitir todo tipo de cosas, pero asegúrate de supervisar las actitudes y valores que los miembros de tu familia podrían adoptar debido al impacto de lo que has permitido que entre en tu hogar.

## VERGÜENZA Y DISEÑO

No hay vergüenza en el sexo a la manera de Dios. La vergüenza es inevitable fuera del diseño de Dios. Gran parte de la pelea y animosidad en esta área provienen de personas que intentan culpar a la iglesia o la sociedad por crear normas morales con las que no están de acuerdo. Sin embargo, día tras día estas personas violan su diseño. La vergüenza es inevitable en ese caso, porque la ley de Dios está escrita en sus corazones. Los valores morales no son normas impuestas externamente; son una expresión de la conciencia.

El único modo de estar libre de vergüenza es vivir con pureza. Y la única otra manera es continuar en el pecado hasta que la conciencia queda cauterizada. Poco a poco, el persistente corazón de quien quebranta la ley muere como resultado.

Una idea prevaleciente a lo largo de toda la vida debe ser que tendremos que dar cuentas de nuestras vidas (ver 2 Corintios 5:9-11). Puede parecer que estoy siendo demasiado insistente en eso; pero llegará un día en el que las personas desearían haber escuchado más a menudo sobre este día de dar cuentas. Recordarles eso no es con la intención o el propósito de manipular los corazones de nuestros hijos o de otras personas por medio del temor. Es un regalo de Dios que nos permite vivir con sabiduría, y nos ayuda a crear estilos de vida responsables.

El modo en que vivimos en nuestros hogares, haciendo rendir cuentas mutuamente con misericordia y gracia, proporciona un contexto en el cual nuestros hijos aprenderán lo que Dios valora en un ambiente saludable. La sexualidad es un tema maravilloso si se mantiene en la perspectiva divina. Es divisivo y perverso fuera de ese contexto.

## HOMOSEXUALIDAD

La homosexualidad se está convirtiendo en un tema importante en toda la iglesia. Quienes están en este movimiento, y es de naturaleza política, han cambiado exitosamente la opinión pública a su favor por medio de una estrategia de décadas. Se contentaban con pequeñas victorias, pero siempre tenían la vista puesta en el horizonte de estar a cargo. Pero su popularidad recién descubierta no hace que sea correcto.

Amar a las personas, independientemente de cuáles sean sus problemas, es nuestra tarea número uno. Estar de acuerdo con sus opiniones o estilos de vida no es necesario para mostrarles amor verdadero. Debemos saber amar sin rechazar a las personas con las que no estamos de acuerdo, pero es igualmente importante no sucumbir a la presión de estar de acuerdo con lo que es equivocado, para así poder mostrar compasión. Gran parte de lo que Dios está haciendo en la tierra será destruido si damos la espalda a este asunto de la homosexualidad. Es la mosca en el ungüento. Algunos de los mejores materiales que conozco sobre este tema se encuentran en los libros y enseñanzas en el Internet de Moral Revolution, de Kris Vallotton.[5]

Jesús regresará a buscar a una Novia, no a un novio. Cuando apartamos al Creador de la conciencia de la sociedad nos volvemos impíos, ya que nuestro propósito y diseño ya no tienen ningún mérito. Nuestro diseño físico testifica de la intención de Dios. Él nos creó varón y hembra. Hay dos géneros. Y quienes piensan de otro modo necesitan compasión y ayuda. Pero que nosotros estemos de acuerdo con ellos es violar la naturaleza de Dios, su Palabra y su creación.

En los sistemas escolares actuales, nuestros hijos probablemente estarán expuestos a otros niños que batallan con problemas de identidad de género. Algunas veces, el problema del género está inspirado demoniacamente y el enemigo llega a lugares de debilidad. Algunas veces están involucrados el abuso sexual infantil, la falta de un papá, la pornografía u otros asuntos. Si tus hijos tienen amigos que están batallando, pueden ofrecerles compasión y oración sin estar de acuerdo con esos amigos acerca de los asuntos involucrados. Ayuda a tus hijos a entender lo que está obrando detrás de bambalinas, para que ellos puedan ser una solución redentora para sus amigos. Pero necesitan entender que hay

---

5. Para más información, visita https://moralrevolution.com.

varón y hembra; no hay ninguna otra opción. Tus hijos pueden hablar al lado bueno de un amigo que está batallando. Encontrar el oro en las personas y hablar a eso funciona en estos tipos de contextos.

Los expertos en pecado siempre harán que su punto de vista parezca atractivo. Apelar a nuestra conciencia para lograr que mostremos compasión, lo consigue. Muchos creyentes no saben cómo amar con compasión sin estar de acuerdo con el punto de vista de la persona amada. Y el clima político actual no ha ayudado en nada a este desafío. Estar en desacuerdo con una postura invita a todo tipo de ataques y comentarios calumniadores. Muchas personas no pueden soportar esa presión, de modo que se rinden a las mentiras.

## AMAR SIN OFENSA

Uno de los mayores retos en nuestras vidas es amar bien a las personas, sin recoger sus ofensas. ¿Puedes servir a estudiantes universitarios sin sentirte ofendido con un partido político? ¿Puedes servir a los pobres sin sentirte ofendido por una gran empresa? ¿Puedes servir a los ricos sin sentirte ofendido por las personas que no quieren trabajar? ¿Puedes servir a los niños sin sentirte ofendido por adultos que no hacen de ellos una prioridad? ¿Puedes servir a adultos sin sentirte ofendido por el adolescente que no les muestra ningún respeto? ¿Puedes servir en las misiones en otro país sin sentirte ofendido por la riqueza en la iglesia que tiene poca visión por llevar el evangelio a todo el mundo? ¿Puedes servir a una raza sin sentirte ofendido por otra, y viceversa?

La lista de preguntas es casi interminable. El reto que tenemos delante es grande. Tener compasión por las personas en su dolor es una de nuestras tareas más atesoradas. Ámalos sin juicio; y sé inconmovible en la verdad bíblica. Tu acuerdo con las personas no es un requisito necesario para mostrarles amor.

A medida que la sexualidad es redefinida por la última perversión de los tiempos, tenemos que ser más decididos en proteger lo que es correcto sin colaborar con el espíritu político para obtener una victoria moral. Quienes tienen el espíritu político usan tácticas de manipulación para amenazar y persuadir a personas hacia su modo de pensar. La verdad es atractiva para quienes aman la verdad. No utilices la Biblia para golpear al ofensor. No hay ninguna recompensa por tener la razón, pero sí hay una recompensa por amar a quienes no te aman a cambio.

El sexo había de ser para el placer, según el diseño de Dios y dentro del contexto para el que Él lo diseñó. Formar y educar a los hijos para que acepten el diseño de Dios para nuestra sexualidad los posiciona para vivir el estilo de vida supremo de gozo, placer y satisfacción en esta área. El propósito que está detrás de la formación bíblica no es solo mantener a nuestros hijos alejados de las cosas que destruyen, sino también capacitarlos para entrar plenamente en la vida de placer que Dios ha querido para toda persona casada. Esto es sexualidad bien llevada, y debe ser la meta de todo papá y mamá proteger y empoderar a sus hijos en esta área.

14

# EXPOSICIÓN A LA NECESIDAD DEL MUNDO

La exposición a la radiación es muy peligrosa y amenaza la vida. Por ejemplo, una larga exposición incluso a pequeñas cantidades de radiación aumenta de manera drástica el riesgo de cáncer. La exposición a grandes cantidades, aunque sea por un breve periodo de tiempo, puede conducir a enfermedad por radiación, con síntomas como náuseas, llagas en la piel, pérdida de cabello, e incluso función orgánica reducida. La radiación es mortal.

Entiendo que esta es una manera extraña de comenzar un capítulo en un libro sobre formar y educar hijos para cambiar el mundo, pero no puedo encontrar un mejor ejemplo del concepto de la exposición. ¿Y si te dijera que había cosas más potentes que la radiación, pero que tenían efectos positivos sobre el niño en lugar de ser negativos? Entender esto nos permite ser más intencionales en nuestra crianza, sabiendo que exponer selectivamente a nuestros hijos a las cosas correctas tiene un efecto tremendo en sus vidas.

Para que esta ilustración funcione, tendrás que pasar de pensar en los efectos negativos de la exposición, a cómo sería si hubiera un elemento igualmente efectivo que produjera un efecto positivo en las personas simplemente mediante la exposición adecuada. En otras palabras, el tipo de exposición del que estoy hablando es incluso más potente que la radiación, pero cambia a las personas para mejor.

La exposición al Reino de Dios es el elemento que tiene un impacto mucho mayor. Es la levadura que causa que todo lo que entra en contacto con ella aumente bajo su influencia. Tendrá un impacto eterno sobre aquellos que sean expuestos a lo verdadero. Debemos aprender a enseñar y formar a nuestros hijos mediante los tipos correctos de exposición.

## LA COMPASIÓN ES LA NORMA

Nosotros, los estadounidenses, vivimos en una nación que es muy privilegiada. Eso no significa que todo el mundo es rico y famoso aquí, pero sí significa que tenemos acceso a cosas que, al viajar alrededor del mundo, te das cuenta con bastante rapidez de que no todo el mundo tiene acceso a ellas. Beni y yo no queríamos formar hijos que tuvieran problemas de sentirse con derechos, que sintieran que el mundo les debía algo, de modo que decidimos desde temprano que queríamos exponerlos a la necesidad del mundo.

Cuando vemos a alguien que sufre dolor, es normal dolernos; es normal que lloremos con los que lloran. Es normal que un niño quiera regalar todos sus juguetes cuando ve a otro niño que vive en la pobreza. Eso es normal. Eso demuestra que nuestros hijos están vivos; tenemos que enseñarles eso.

Es importante que modelemos la compasión en nuestros hogares, pero ya está en los corazones de nuestros hijos. Es importante reconocer lo que Dios ha puesto ya en nuestros hijos, y después exponerlos a los entornos que harán que esas cosas salgan a la superficie y finalmente maduren.

Siempre querrás tener cosas delante de tus hijos para que su corazón de compasión nunca esté muerto o insensible.

## POBREZA Y DOLOR

Como he mencionado ya, por muchos años vivimos en la autopista principal que pasaba por Weaverville, en California. Debido a nuestra ubicación, las personas que pasaban por la ciudad a menudo se detenían para pedir ayuda con respecto a alimentos, dinero para gasolina, o algunas veces un lugar donde quedarse. Nosotros siempre intentábamos hacer lo posible por ayudar en cualquier situación que surgiera.

En cierto modo era común que mis hijos se despertaran en la mañana y vieran a una persona desconocida durmiendo en el piso de nuestra sala. Ese desconocido nos acompañaba entonces para desayunar antes de seguir adelante en su camino. Mis hijos nunca sintieron temor por aquello, porque yo estaba siempre allí para protegerlos en caso de que surgiera la necesidad.

La seguridad de mi familia es mi preocupación y responsabilidad principal, de modo que orar por discernimiento en esos momentos es fundamental. Hay algunas personas a las que nunca deberíamos invitar a nuestro hogar cuando los niños están presentes. Habiendo dicho eso, nosotros decidimos servir a personas quebradas y exponer a nuestros hijos a sus necesidades inmediatas de alimento y cobijo. Aunque nuestro motivo para servir a aquellas personas era amarlas como Dios lo hacía, también tuvo un gran efecto en nuestros hijos. Yo les debía exposición a las necesidades de personas que nunca podrían devolvernos el favor. Era importante situar a los niños en una posición en la que sus corazones fueran avivados con compasión. Es mi obligación hacia ellos. Aislar a nuestros hijos del dolor de otras personas es un modo inaceptable de vivir.

Una pareja que no estaba casada recibió a Cristo mientras pasaba por la ciudad. Beni y yo oficiamos su boda en el salón de nuestra casa, y Kris y Kathy Vallotton estaban allí como testigos. He oficiado muchas bodas en mis más de cuarenta años como pastor, y no recuerdo ninguna boda tan poderosa como aquella. La presencia de Dios llenó nuestro hogar de un modo tan hermoso y poderoso que me marcó para siempre.

Esta pareja terminó mudándose a nuestra casa durante un tiempo en su nueva vida de casados. No los invitamos a vivir con nosotros para que nuestros hijos pudieran aprender una lección sobre bondad u hospitalidad. Fue enteramente por la pareja; pero nuestros hijos siempre se benefician cuando vivimos la vida abiertamente, como para el Señor. La vida misma se convierte en la lección.

## MISIONES

Casi cada verano, por muchos años llevábamos a nuestros hijos a trabajar en un orfanato llamado Rancho de sus Niños, en Tecate, México. De hecho, Eric, nuestro hijo mayor, vivió allí y trabajó como voluntario durante un periodo de tiempo después de la secundaria. Este ministerio no solo tiene un orfanato; también tienen una escuela para niños, y establecen iglesias y entrenan a personas para el ministerio en su escuela bíblica. Es un ministerio de lo más inusual debido a su amplia variedad de ministerios junto con su amplitud de influencia. Recientemente expandió su ministerio a Rumanía.

Nuestros hijos trabajaban en las instalaciones que siempre estaban en ampliación de este ministerio con trabajo manual. También se alegraba mucho a los niños del orfanato al jugar con ellos. Algo notablemente destacado para todos nosotros era llevar ropa y alimentos a las personas que vivían en las chabolas cercanas. Reinaba la pobreza absoluta sobre aquellas queridas personas. Ellos intentaban ganarse la vida rebuscando entre la basura para encontrar cosas que podrían utilizar o vender. Era desgarrador ver todo aquello. Ellos eran muy receptivos a nuestros esfuerzos por ayudarlos, y muy agradecidos.

Es doloroso ver a personas que tienen ese tipo de necesidad. No podemos permitirnos ser ignorantes de tal necesidad, ni tampoco volvernos insensibles al dolor de esas personas. Hacer que nuestro corazón se duela de ese modo muestra que seguimos estando vivos. La mayoría de las personas se aíslan de tales sentimientos de incomodidad, pero ese es un lujo que yo no puedo permitirme. Beni y yo éramos deliberados en exponernos a nosotros mismos y a nuestros hijos a las necesidades de otros. Como familia, necesitábamos seguir siendo conscientes de la necesidad humana y estar expuestos a ella. Esta era una parte importante de nuestra estrategia a la hora de formar a nuestros hijos. El músculo de la compasión hay que ejercitarlo, y no protegerlo del uso. La exposición intencional es esencial.

Esa era solamente una pequeña parte de nuestro compromiso con las misiones mundiales. Yo fui criado para valorar mucho la difusión del evangelio a las naciones del mundo. Es muy importante dar apoyo financiero y en oración a las partes del mundo de las que no podemos recibir ningún beneficio directo de nuestro donativo. Como el gran hombre de estado y misionero, C. T. Studd, Jim Elliot y otros han dicho: "La luz que brilla más lejos es la luz que más brilla en el hogar". Prestar atención al clamor internacional que pide ayuda no debilita el brillo de la luz del evangelio en nuestra propia ciudad. La magnifica, pues Dios grita "¡sí!" a que abracemos nuestra tarea en la vida.

Eric también formaba parte de un grupo de jóvenes que introducían Biblias en China de contrabando. En aquel momento acababa de cumplir los quince años. A los catorce años de edad, Brian fue conmigo a un viaje misionero a India. En sus años de adolescencia, Leah fue parte de un equipo que llevaba el evangelio a las calles de España. Fue necesario un trabajo increíblemente duro y también de valentía por parte de Leah para ministrar en las calles cantando en un idioma que ella no conocía. El corazón que tenía por las naciones le dio la valentía de hacerlo con gran destreza; lo hacía tan bien que las personas pensaban que ella hablaba español.

El punto es que la necesidad de escuchar el mensaje del evangelio, y el dolor de la pobreza y la enfermedad, nos dan oportunidades de servir a personas que nunca podrán devolvernos nada. La idea común es que la necesidad es tan grande que nunca seremos capaces de solucionar el problema; y eso es muy cierto, pero podemos tocar a alguien. Y debemos hacerlo. Tal vez sea la ausencia de finanzas o buenas oportunidades lo que hace que los viajes internacionales sean imposibles en este momento para tu casa. Entonces sirve en la misión de rescate local, o sirve comidas a los sin techo. Haz algo.

Edificar una consciencia en nuestros hijos de la necesidad que tiene el mundo de escuchar el evangelio es una parte importante de nuestra responsabilidad como padres. Darles experiencia de primera mano ayuda a multiplicar el efecto de nuestras palabras con respecto a las misiones más de mil veces. Esta es la deuda que tengo con mis hijos. Mientras escribo estas palabras, estoy enviando a una de mis nietas mayores a un viaje misionero a Brasil con mi querido amigo Randy Clark, de Global Awakening Ministries. Ella se incorporará a un equipo de jóvenes que se han entregado a servir, predicar y orar por los enfermos.

## NIÑOS EN ACOGIDA

Otra parte de nuestro intento de exponer a nuestros hijos a la necesidad del mundo era invitar a niños en acogida a vivir con nuestra familia. La generosidad y compasión de mi hija Leah hacía posible eso, ya que ella renunciaba a su cuarto durante un tiempo para que los niños en acogida tuvieran un cuarto propio.

El caso más trágico que acogimos implicaba a dos pequeños cuya mamá se había quitado la vida debido a los abusos que había sufrido. Un año o algo así después, el papá hizo lo mismo. En realidad, había cinco varones en total, y nosotros nos ocupamos de dos de ellos. Decir que estaban traumatizados es quedarme muy corto, como podrás imaginar. Recibían consejería semanal que proporcionaba el servicio de cuidado infantil en nuestro condado. Estoy agradecido de que esos servicios estén a disposición de los niños que tienen necesidad.

Era interesante ver cómo aquellos dos muchachos, que tenían unos cuatro y seis años de edad, se sentaban con nosotros en la mesa de la cena por primera vez. Agarraban toda la comida que podían alcanzar y la rodeaban con sus brazos para que nadie más pudiera agarrarla. Se hizo obvio que no siempre habían tenido comida, y que habían sobrevivido cuidando de ellos mismos. Aseguramos a los muchachos que podrían tener toda la comida que quisieran y que habría más al día siguiente.

Las vidas de aquellos muchachos comenzaron a cambiar de inmediato, y fueron liberados de la necesidad de recibir consejería solamente unas semanas después de que entraran en nuestro hogar. Nosotros pensábamos que ese fue un milagro extraordinario, porque los tipos de problemas que ellos tenían estaban arraigados profundamente. Es también un testimonio del impacto del amor de Dios sobre el corazón de un niño cuando él o ella entran en un lugar seguro. El niño sana por completo.

Nuestros hogares han de ser lugares de seguridad y refugio. La vida no es justa, y no todo el mundo es amable, considerado o respetuoso. Pero el hogar es el lugar donde cada miembro de la familia regresa para ser fortalecido y empoderado para el día siguiente. Esta es la belleza de la familia. Es el único lugar donde todos pertenecen.

## EVITAR EL DOLOR

Si hubo alguna vez una cultura que evitara el dolor, sería la cultura de esta época actual. Hace varios años atrás escuché un programa de entrevistas en la radio en el que entrevistaban a un psicólogo, y él mencionó al presentador que, según su opinión, un porcentaje muy grande de enfermedades mentales están causadas por el intento de evitar el dolor. Esa es una afirmación extremadamente importante. A nadie le gusta el dolor, ni tampoco debería gustarnos, pero evitar lo que es normal en la vida puede llevarnos a lugares de gran irresponsabilidad y negación.

Voy a dejar claro algo: yo aborrezco el dolor. Todo tipo de dolor. Pero sin dolor, un niño dejaría su mano sobre la estufa, destruyendo una parte del cuerpo. Sin dolor, un atleta seguiría corriendo, posiblemente causando un daño permanente a una parte del cuerpo lesionada. Sin correr el riesgo del dolor emocional en una relación no hay oportunidad de recibir amor. En la medida en que yo pueda experimentar dolor, puedo ser amado.

Lo más sabio es usar el dolor para nuestra ventaja, y esto comienza con dar gracias en medio de la situación encontrando una promesa bíblica y una solución. Confiesa y proclama la promesa de Dios, a la vez que te aseguras de estar comprometido a hacer cualquier cosa que Dios dijo que hicieras. Tenemos confianza en el deseo y la capacidad de Dios de producir justicia en nuestras vidas, y que Él compensará en gran medida si alguien nos ha tratado injustamente. Y si nuestro dolor estuvo causado por nuestras propias malas obras, Dios perdona y restaura.

Formar a nuestros hijos para vivir de ese modo les dará décadas de ventaja sobre casi todos los demás de su edad. La mayoría de las personas viven toda la vida sin aprender a monitorear sus corazones de este modo; y, sin embargo, es el corazón de la persona lo que ayuda a producir la promoción que solamente Dios puede dar.

## HABLA LA INCOMODIDAD

En nuestra ciudad tenemos un servicio de Viernes Santo. Unas cien iglesias participan en este evento maravilloso cada año. Tenemos que realizar varios servicios para acomodar a todos los interesados en asistir. Yo planeo mi calendario en torno a esta fecha, ya que tiene importancia para mí.

Nuestra gente de Bethel apoya mucho estos tipos de eventos, y testifican de la gran obra que Dios está haciendo nuestra ciudad. Hay muchas iglesias estupendas en Redding. Estamos muy agradecidos por el privilegio de servir a nuestra ciudad participando en este evento unificador con tantos líderes maravillosos y sus congregaciones. Es un hermoso honor para nosotros.

Recuerdo que hace un par de años atrás, cuando yo sentía que como no había cuidado de niños disponible en esos servicios especiales, necesitaba establecer el punto entre las familias de nuestra iglesia acerca de su asistencia. El problema es que si tienes hijos, asistir a un evento tan grande puede ser desafiante porque tus hijos pueden llorar o ponerse inquietos. Yo reté a nuestros padres a entrenar a sus hijos intencionalmente decidiendo participar en actividades orientadas al Reino como aquellas que pueden ser muy incómodas. De ese modo, nuestros hijos pueden observar y descubrir qué precio estamos dispuestos a pagar.

Nunca subestimemos la capacidad de nuestros hijos de reconocer lo que realmente valoramos. Comunica el propósito de una reunión u otras actividades a medida que ellos van creciendo; aprenderán la importancia del sacrificio y el propósito mediante tu ejemplo. Si yo valoro la comodidad, la conveniencia y una vida que nunca tiene dolor, habré entrenado a mis hijos para tomar el camino fácil en la vida. Algunas veces, el sencillo acto de la incomodidad habla más al niño, con el tiempo, que cien sermones sobre la importancia del sacrificio.

Beni y yo vivimos de ese modo a lo largo de los años de crecimiento de nuestros hijos. Todavía lo hacemos. Como dijo David, no ofreceré a Dios algo que no me cueste (ver 2 Samuel 24:24). Israel tenía eso integrado en su cultura. En Nehemías 8 la familia entera estuvo de pie durante horas, escuchando la lectura de la Palabra de Dios. En 2 Crónicas 20:13 toda la familia estuvo presente para escuchar una palabra profética dada a la nación durante una época de gran crisis: "Y todo Judá estaba en pie delante de Jehová, con sus niños y sus mujeres y sus hijos". Incluso los bebés estaban presentes, aunque ellos posiblemente no podían haber entendido lo que se decía. Es fundamental ilustrar a nuestros hijos lo que es importante para nosotros, no porque sea fácil sino porque es correcto.

## MÁS QUE UN CONJUNTO DE HABILIDADES

Me gusta mucho la eficiencia, y me encanta ver que las cosas van bien en la vida. También evito todo dolor innecesario y considero que eso es normal y bueno. Pero el dolor ya no me asusta, no si sé que está causado por hacer la voluntad de Dios.

Del mismo modo en que los niños necesitan siete comentarios positivos para compensar un comentario negativo, también nuestros hijos deben estar expuestos a cosas que son correctas en contraste con el dolor y las necesidades de este mundo. Si solamente son expuestos a la necesidad y la tragedia, tendrán poca esperanza de cambiarlo. Pero si llegan a estar anclados en sus almas al modo de vida que Dios quiso, tendrán menos probabilidad de acobardarse ante retos insuperables. Promesa, propósito y recompensa ayudan a avivar los corazones de quienes se inclinan a evitar tales oportunidades.

Estamos formando hijos no solo para producir vida y solucionar problemas; estamos educando a una generación para ser la solución a los problemas. Estamos inculcando en ellos algo más que un conjunto de habilidades. El sistema de valores de Dios, establecido profundamente en nuestros corazones, incluye nuestro acceso a sus recursos ilimitados. Esos recursos nos permiten ser lo que se necesita. Como alguien dijo en una ocasión: "No intentes ser el mejor del mundo. Intenta ser el mejor *para* el mundo".

Hay una promesa que gobierna sobre cada parte de nuestras vidas: "Y sabemos que a los que aman a Dios, todas las cosas les ayudan a bien, esto es, a los que conforme a su propósito son llamados" (Romanos 8:28). Esa maravillosa promesa no sería necesaria si todo funcionara del modo en que pensamos que debería; está ahí porque enfrentamos misterio, retos, dolor y necesidad. Debido a esas cosas, Dios nos dio una promesa que debe convertirse en nuestro refugio. Kris Vallotton lo expresa de este modo: "Todas las cosas obran para bien al final. Si no es bueno, no es el final".

Dios tiene la última palabra. Mantente callado el tiempo suficiente para oírlo hablar.

# 15

# EXPOSICIÓN A LA COMUNIDAD

Tengamos en mente el concepto que compartí al inicio del capítulo 14 sobre la exposición a la radiación, con todos sus efectos negativos; pero después imaginemos una vez más un tipo similar de exposición para nuestros hijos a algo muy positivo, con un efecto positivo. Ese concepto será otra vez nuestro modelo. Es nuestra responsabilidad como padres decidir a qué exponemos a nuestros hijos para obtener un efecto positivo.

No siempre podemos proteger a nuestros hijos de algunas de las ideas y prácticas del sistema del mundo lejos de Cristo, pero podemos ser deliberados al producir su exposición a las realidades del mundo de Dios que dejarán una huella eterna en sus corazones. Es sabiduría para nosotros reconocer los tipos de cosas a los que exponer a nuestros hijos para que eso produzca una influencia duradera. Como vimos en el capítulo anterior, exponerlos a la necesidad del mundo es una de esas cosas. Otra cosa de la que quiero hablar aquí es exponerlos a la comunidad.

## LA CULTURA DE DIOS

Nosotros en la iglesia de Occidente tendemos a hacer hincapié en nuestra relación individual con Dios por encima de la colectiva. Yo creo que hay sabiduría en esto, ya que Dios no tiene nietos. Debemos nacer de nuevo; y eso no sucede a grupos de personas, sino que requiere entrega personal.

Por otro lado, gran parte de lo que necesitamos aprender está relacionado con nuestro entendimiento y práctica de ser "miembros los unos de los otros" (Romanos 12:5). No es "o esto o aquello". Es "esto y aquello". Este concepto es vital que lo aprendamos como adultos, y después lo transmitamos a nuestros hijos. Es especialmente necesario en esta época, cuando los juegos de computadora y las redes sociales están robando las energías emocionales necesarias para que experimentemos la riqueza involucrada en la comunidad bíblica. Hablando en términos prácticos, necesitamos a las personas. Y nuestra capacidad para hacer comunidad nunca puede llegar más allá de la comunidad que tenemos en nuestro hogar. El éxito en el hogar nos da la base de autoridad para ir a cualquier otro lugar. Si yo fracaso en el hogar y tengo éxito en tocar las naciones, habré fracasado. Nos necesitamos los unos a los otros, y comienza en el hogar.

En la oración que Jesús enseñó a sus discípulos comenzó con "Padre nuestro". Si cualquiera podía haber dicho "Padre mío", habría sido Jesús; sin embargo, su propósito era enfatizar algo extremadamente importante: nuestra inclusión en la familia de Dios. Esto encaja bien en su lección sobre amar a Dios y a las personas. Debemos amar a nuestro prójimo como a nosotros mismos. El *amor propio* bíblico nos permite amar bien a otros.

## GRUPOS PEQUEÑOS

Nosotros tuvimos grupos pequeños durante todos los años de crecimiento de nuestros hijos, en los que creyentes se reunían cada semana para orar, estudiar y estar juntos. Estar en un grupo de hogar era una parte maravillosa de nuestro crecimiento como familia; era una herramienta que Dios usaba poderosamente para dar forma al desarrollo de mis hijos como contribuidores saludables a la sociedad.

En esas reuniones casi siempre compartíamos juntos una comida con nuestros amigos, que variaban en edades, desde parejas jóvenes casadas y con niños pequeños, hasta adultos solteros y abuelos y abuelas.

El punto es que reuníamos intencionalmente a personas de distintos grupos de edad y trasfondos que ampliaran nuestra capacidad de valorar y celebrar a personas diferentes a nosotros. Aquel era realmente un tiempo hermoso de nuestra semana.

Una de las cosas que me encantaba hacer en nuestro grupo pequeño era escoger a una persona para que todos le dieran ánimos. Le preguntaba al resto del grupo lo que pensaban que Dios estaba diciendo a ese individuo, y qué marcas de la influencia de Dios veían ellos en la vida de la persona. Algunas veces preguntaba al grupo lo que les gustaba mucho de esa persona. Era una parte muy satisfactoria de nuestro tiempo juntos, y aprendimos desde un principio a no destacar ninguna de las faltas o errores de la persona. Una cultura de honor celebra quién es una persona, sin tropezar con lo que él o ella no es. Durante esos momentos, las personas eran muy alentadas al descubrir el impacto de sus vidas sobre las personas que les rodeaban.

Gran parte de lo que hacíamos en esos momentos estaba basado en un concepto que contiene Efesios 2:10: "Porque somos hechura suya, creados en Cristo Jesús para buenas obras, las cuales Dios preparó de antemano para que anduviésemos en ellas". La palabra *hechura* viene de otra palabra de la cual obtenemos nuestra palabra *poema*. Siempre que alentamos y animamos a las personas, simplemente estamos leyendo la poesía de Dios que Él está escribiendo en las páginas de sus vidas. Es una obra de arte continuada, y nosotros tenemos el privilegio de leerla mientras se sigue escribiendo. Enseñar este valor a los niños es vital. A ellos no les toma mucho tiempo aprender la importancia de este modo de vida, ya que son expuestos a la alegre expresión de la persona que está siendo alentada. Es realmente algo hermoso.

La mayoría de las personas viven conscientes de las cosas que desearían que fueran diferentes en sus vidas, con una consciencia intensificada de sus propias debilidades e idiosincrasias. Lo que muchos generalmente no saben es la importancia, el regalo o el valor que son para otros. A menudo incluía a nuestros hijos en esta actividad de grupo cuando "llamábamos a salir el oro en las personas". Las personas son como minas de oro, donde siempre hay más tierra y escombros que oro; pero hay una veta abundante de oro en cada vida. La belleza es que tenemos el privilegio de señalar el oro. Los niños siempre operaban con una brillante precisión y perspectiva cuando llamaban el oro en los adultos, al igual que en otros de su mismo grupo de edad. Este era uno de los ejercicios que usábamos en nuestro hogar y también en nuestras relaciones con otros, y que ayudaban a nuestros hijos a aprender a elogiarse los unos a los otros en lugar de competir. Los niños que están seguros en su destino tienen más probabilidades de elogiar a otra persona.

## LA COMUNIDAD COMIENZA EN EL HOGAR

El modo en que valoramos a nuestros amigos ayuda a nuestros hijos a entender el valor de la comunidad. Ellos deben ser expuestos a la fortaleza y belleza de las relaciones significativas, o se conformarán con amistades en el Internet y juegos de computadora como si fueran la vida real. Este es un asunto fundamental que hay que abordar en la rutina diaria de la vida. Los amigos reales nos hacen ser mejores.

Hay un proverbio africano maravilloso que dice: *Si quieres ir rápido, corre solo; pero si quieres llegar lejos, corre en grupo.*

Hay un tiempo para la soledad, y proteger esa necesidad ayudará al niño a saber que la vida no es una decisión entre una cosa y la otra: soledad o comunidad. Pero se puede lograr mucho más cuando aprendemos a desarrollar relaciones significativas con personas que nos hacen más fuertes y sacan lo mejor en nuestras vidas. Podemos llegar mucho más lejos en nuestro impacto en este mundo cuando aprendemos a hacer vida juntos en lugar de intentar hacerlo todo por nosotros mismos.

De igual manera, cuando nuestros hijos saben lo que es vivir con relaciones saludables, entonces pueden detectar cuándo las relaciones son degradantes o agotadoras: una de las maneras en las que nuestra formación intencional les proporciona protección. Todos necesitamos estar con personas que nos celebren y no solo nos toleren. Parte de lo que necesitamos ver sobre Dios y sobre nosotros mismos solamente se puede descubrir en una comunidad.

## EL HONOR DE LA COMUNIDAD

Mi tío, Ed Gunderson, murió inesperadamente cuando yo tenía unos diez años. Estaba casado con la hermana de mi mamá y era todo un caballero. Los dos eran pastores en Minnesota. Fuimos en auto hasta allí desde nuestra casa en California para asistir al funeral y servir a su familia. Él y la tía Gladys tenían tres hijas, y además acababan de adoptar a un niño pequeño. También tenían a una sobrina viviendo con ellos.

Yo nunca antes había visto a personas experimentar dolor a ese nivel. Cuando conducíamos hasta la casa, podíamos oír los llantos tan fuertes del interior. Fue difícil. A menudo protegemos a nuestros hijos de la incomodidad o el dolor. Parte de eso es sabio, ya que hay un límite en aquello a lo que exponemos a los niños, en especial cuando son pequeños; pero también es importante para ellos ver la vida, y ver cómo lidiamos con las cosas difíciles. Es ahí donde las familias deben dialogar y orar juntas en el dolor. Debemos permitir preguntas, sin la necesidad de tener lista una respuesta. Como padres, a veces tenemos respuestas y la mayoría de las veces no las tenemos. Deja que la pregunta sin respuesta los lleve a Dios como familia. Examina las Escrituras y ora. Lo que se obtiene mediante estos tipos de problemas es inolvidable. Lidia bien con ellos, llevando siempre a los niños a Jesús para que ellos mismos puedan oír de parte de Él.

Después del funeral, mi mamá y mi papá invitaron a la familia de mi tío a mudarse a California y vivir con nosotros, y ellos lo hicieron. Mis abuelos ya eran parte de nuestro hogar, con lo cual éramos ya una comunidad, con once personas viviendo en un hogar de unos cien metros cuadrados.

Los niños se adaptan con bastante facilidad a construir comunidad. Si ponemos a niños en un parque de juegos junto con otros niños, generalmente establecerán amistades de manera rápida y fácil. En nuestra pequeña casa, todos los niños pensábamos que era divertido dormir en el piso o trasladarnos al garaje durante los meses de verano. Once personas formaban una aventura. Estoy seguro de que mis padres sintieron un poco más el estrés de aquella situación, pero nunca escuché la más mínima queja de ellos, hasta la fecha. La comunidad es un honor. Tuvimos la bendición de que nuestra familia estuviera con nosotros durante ese periodo, y nos sentimos honrados por poder ayudarlos.

## LA VIDA JUNTOS

Comunidad no es necesariamente vivir juntos en un entorno comunal, aunque a lo largo de los años hemos tenido muchos de esos periodos. La verdadera comunidad se produce mediante la comunión. Es un asunto del corazón. En este caso no me estoy refiriendo a la eucaristía, en la que participamos del cuerpo y la sangre de Jesús. Comunión en este contexto es compañerismo entre miembros.

Me gusta definir el compañerismo como *el intercambio de vida, de un miembro a otro*. Este es el proceso del verdadero crecimiento y madurez bíblicos. Si no tengo relaciones profundas y personales con personas, puedo vivir con la ilusión de que tengo todo el fruto del Espíritu en mi vida (amor, gozo, paz, paciencia, benignidad, bondad, fe, mansedumbre y templanza); pero cuando establezco una conexión significativa con personas, me veo cara a cara con mi necesidad de crecimiento. Y no es solo que mi necesidad de madurez se hace obvia en las relaciones. Las relaciones son también el proceso que Dios utiliza para aguzarme. "Hierro con hierro se aguza" me viene a la mente para este concepto (Proverbios 27:17). Lo mismo que saca a la luz mi necesidad de madurez es lo que Dios usa para satisfacer mi necesidad de madurez. Se encuentra en la amistad en la que aprendemos a hacer vida juntos.

Los niños que aprenden el secreto de las relaciones y la comunidad estarán a kilómetros por delante de sus homólogos en todos los aspectos de la vida, porque nuestra inteligencia emocional (IE) se desarrolla de modo profundo mediante la comunidad. La *inteligencia emocional* se considera la clave para el éxito tanto personal como profesional en la vida. Los psicólogos han atribuido la IE para tener familias saludables, éxito en los estudios, una autoestima y pensamientos sanos, y habilidades de liderazgo. Yo nunca culpo a las personas por el tamaño de su cerebro, pero el tamaño del corazón de alguien es enteramente responsabilidad de la persona. Como mejor se forma esto es en comunidad, y les debemos a nuestros hijos tener exposición a esta experiencia continuada de comunidad. Es para su propio desarrollo. El efecto secundario maravilloso de haber experimentado comunidad es el impacto que tienen las personas con la IE resultante de ello sobre el mundo que les rodea.

Hay partes de la vida que se disfrutan mejor en comunidad, y a veces esa comunidad es familias viviendo juntas. Kris y Kathy Valloton han sido parte de nuestras vidas como nuestros mejores amigos por unos cuarenta años. Hubo un tiempo en que ellos estaban construyendo una casa que no estaba lista cuando necesitaban que lo estuviera, de modo que los invitamos a mudarse a nuestra casa con nosotros. Fue todo un honor para nosotros tener a estos amigos viviendo con nosotros una temporada. Estoy seguro de que debió haber retos con dos familias viviendo juntas durante un periodo de tiempo extenso, pero sinceramente no recuerdo ninguno. Lo que sí recuerdo es cuando Kris y yo intentábamos encontrar suficientes monedas para comprar unos tres litros de helado para que nuestras dos familias lo disfrutaran. Hacer vida juntos es un honor asombroso.

## EL SACRIFICIO

No podemos entender la importancia de esta parte de la vida hasta que nos cuesta algo. Su riqueza se encuentra en el sacrificio. De eso hablaba en parte el escritor de Hebreos en el capítulo 13, versículos 15-16 (énfasis añadido):

> Así que, ofrezcamos siempre a Dios, por medio de él, *sacrificio de alabanza*, es decir, fruto de labios que confiesan su nombre. Y

de *hacer bien* y de la *ayuda mutua* no os olvidéis; porque de tales *sacrificios* se agrada Dios.

Por favor, observemos los tres sacrificios del Nuevo Testamento que hemos de hacer:

*Alabanza*: el fruto de labios que dan gracias por lo que Dios ha hecho y lo honran por quién es Él.

*Hacer bien*: las buenas obras que hemos de hacer para beneficiar y servir a otros.

*Ayuda mutua*: en el lenguaje original de la Escritura es el término para "comunión", el intercambio de vida de uno a otro.

La ayuda mutua o comunión es uno de los tres sacrificios mencionados, dando a entender que esta parte de la vida ha de ser sacrificial. En otras palabras, las relaciones significativas deben costarnos algo. Si permanecen tan solo como una parte conveniente de nuestra vida, nunca alcanzaremos las riquezas de Cristo que están ocultas en el privilegio de las relaciones cercanas. Jesús puede y debe ser descubierto en el ámbito de la comunidad.

## LA COMUNIDAD PROVEE

Hay un cuidado práctico en el contexto de la comunidad. Recuerdo muchas veces en las que nos habíamos quedado sin comida, y de algún modo mi secretaria, Bárbara Calhoun, lo sabía, aunque yo nunca dije ni una sola palabra. Oíamos llamar a la puerta, y era ella que traía bolsas y bolsas de maravillosos suministros para nosotros. Ella no ganaba mucho dinero como secretaria de la iglesia en aquellos tiempos; creo que se gastaba la mayoría en nosotros. Por fortuna, ahora somos nosotros los que podemos proveer para quienes tienen necesidad. Eso es lo que hace la familia. La comunión hace que la familia sea práctica. Es ahí donde estamos unos *con* otros y los unos *por* los otros. Nuestros hijos se benefician de esta lección de vida, probablemente más de lo que cualquiera de nosotros podría imaginar.

Recuerdo que mis muchachos iban a la oficina de Bárbara y le pedían un dulce, y ella siempre estaba dispuesta a tener un suministro privado solamente para ellos. Cuando Beni y yo descubrimos lo que ellos estaban haciendo, lo detuvimos. Les dijimos que no era educado pedir dulces, de modo que dejaron de hacerlo. Más adelante descubrimos que cambiaron su táctica y acudían a su oficina y se quedaban delante de su escritorio, totalmente en silencio. No decían nada ni tampoco pedían nada. Tan solo le miraban a ella sonriendo.

Bárbara se les quedó mirando un día, esperando su petición, pero nunca dijeron nada. Al ser una persona perceptiva, ella dijo: "Ah, ¿les dijeron que no pidieran dulces?".

Los niños asintieron afirmativamente.

Entonces ella preguntó: "¿Quieren uno?".

Sin dudarlo ellos lo aceptaron. Nos obedecieron perfectamente y también consiguieron su dulce. ¡Vaya! Tengo unos hijos inteligentes.

La familia da. La familia comparte. La familia aprende junta.

## RESPONSABILIDAD

Otra de las herramientas abundantes que Dios nos da en el contexto de la comunidad es la responsabilidad. Esto se ha promovido mucho en tiempos recientes como una de las maneras principales de guardarnos los unos a los otros de pecado. Estoy agradecido por el énfasis que se hace en eso, ya que ha inspirado a muchos a rendir cuentas de su vida privada y personal. Por ejemplo, si la pornografía es un problema para un hombre, ser responsable y dar cuentas ayuda, y ha ayudado a muchos a dejar ese hábito pecaminoso. Saber que tenemos que dar cuentas de nuestras decisiones nos ayuda a vivir mejor; además, creo que nos prepara para una de las mayores realidades de la vida: que daremos cuentas de nuestras vidas delante de Dios.

Aunque me encanta la idea de que la responsabilidad nos guarda de pecado, sí creo que su propósito es mucho más elevado. Responsabilidad es rendir *cuentas* de nuestra *habilidad*. En otras palabras, la vida juntos no se trata solamente de guardarnos los unos a los otros de problemas. La comunidad ha de hacernos rendir cuentas por utilizar las habilidades y dones que Dios nos ha dado. ¿Estamos operando según nuestro diseño?

¿Sueñas con escribir? ¿Hay alguien que te haga rendir cuentas de ese sueño? ¿Estás tomando clases sobre escritura, asistiendo a seminarios y leyendo las obras de otros grandes escritores?

¿Quieres comenzar tu propio negocio? ¿Hay alguien que te haga rendir cuentas de dar pasos en esa dirección? ¿Hablas con dueños de negocios en busca de consejo, lees libros sobre el tema o tomas una clase de economía en la universidad comunitaria local?

¿Y qué de tus hijos? ¿Cuáles son sus sueños? ¿Estás contribuyendo a ellos con aliento y ánimo? ¿Les estás ayudando en dar los pasos prácticos que necesitan para cumplir sus sueños?

Estas son partes importantes de la vida que debemos modelar e impartir a nuestros hijos. Hacer rendir cuentas a alguien no ha de ser como actuar como un capataz brutal que requiere cosas de sus súbditos; es ayudar a alguien a avanzar hacia su destino. No hay lugar más práctico para aprender esto que en el hogar. Debe suceder primero y principalmente en nuestras familias, donde guardamos los sueños los unos de los otros y contribuimos al destino de los demás.

Las familias que viven de este modo en el hogar están en posición de producir esta influencia del Reino en el resto de su comunidad, ya que a la mayoría nunca les han enseñado esta parte de la vida. Estoy contento de que esta herramienta de responsabilidad ayude a las personas a entrar en sueños cumplidos, pero lo que realmente me emociona es el pensamiento de que en la comunidad es donde las personas aprenden realmente a vivir la vida como Jesús quería. Libremente.

En algunos aspectos, la palabra *responsabilidad* es una de las mejores palabras para describir la familia. La familia ha de ser una unidad de personas que trabajan juntas alegremente con el fin de que cada uno pueda cumplir su propósito en la vida. Es un grupo de individuos que se ocupan de hacerse unos a otros responsables de soñar en grande, y después se sirven mutuamente para ver que esos sueños se cumplan.

## SOLEDAD ENTRE LA MULTITUD

Tener amigos no es una píldora mágica que lo soluciona todo. Las personas hacen concesiones horribles todo el tiempo porque quieren tener amigos. El escritor de Proverbios 5:14 hace una afirmación aleccionadora a este respecto: "Casi en todo mal he estado, en medio de la sociedad y de la congregación". Observemos la condición de este hombre: *casi en todo mal*. Además, observemos su ubicación: *en medio de la sociedad y de la congregación*. Se puede estar solo en medio de una multitud. Asistir a las reuniones correctas, incluso a grupos pequeños, no garantiza que disfrutarás del fruto de la comunión en tu vida. Los dos versículos anteriores a este, los versículos 12-13, declaran por qué alguien podría estar en medio de la solución, pero no beneficiarse: "Y digas: ¡Cómo aborrecí el consejo, y mi corazón menospreció la reprensión; no oí la voz de los que me instruían, y a los que me enseñaban no incliné mi oído!".

Esta persona que está casi en todo mal aborrecía la corrección y la instrucción. Si hubiera alguna vez dos características que podrían permitirnos ser exitosos en la educación de los hijos, serían nuestra capacidad de admitir que no lo sabemos todo, que se manifiesta en la expresión humilde de nuestra hambre de aprender más. Y estas cosas solamente funcionan hasta el grado en que yo esté dispuesto a recibir la corrección que necesito para solucionarlo.

La comunidad nos da el contexto para el crecimiento. Mi hambre de aprender y la disposición a ser corregido hacen que funcione. Esta es la naturaleza de la familia, ya sea que estemos hablando de tu hogar o el mío, o de la familia de Dios. Así es como maduramos y tenemos impacto; y así es como nuestros hijos maduran en el camino hacia convertirse en vencedores de gigantes.

# 16

# EXPOSICIÓN A LO SOBRENATURAL

Nuestros hijos están expuestos a muchas cosas horribles cuando llegan a la edad adulta. Desde los medios de comunicación pervertidos, hasta un sistema escolar sin límites morales y la presión de grupo que enfrentan en casi todos los entornos sociales, la exposición está ahí. Me gustaría conocer la fórmula para evitar este mal; no la conozco. Pero establecer valores y nuestra educación intencional de los hijos pueden recorrer un largo camino a la hora de proporcionar protección donde sea posible, y comprensión, sabiduría y discernimiento donde somos incapaces de proteger a nuestros hijos de exposiciones negativas. Ora por sabiduría. Y hazlo con frecuencia.

Habiendo dicho eso, sé que es posible una vez más escoger las cosas positivas a las que mi familia debería estar expuesta. Acabamos de ver la exposición de nuestros hijos a la necesidad del mundo y a la comunidad, que son cosas vitales. Lo fundamental es, sin embargo, que quiero que mi familia sea expuesta a Dios. Él es el Dios de poder, pureza y amor; y quiero que mis hijos tengan un encuentro con este Padre maravilloso que nos conoce muy bien a todos nosotros, y está totalmente comprometido con nosotros como sus hijos. Quiero que ellos sean expuestos a la Biblia como la Palabra de Dios. Además, quiero exponerlos al Dios de la Biblia, que es el mismo hoy, ayer y por siempre. Él debe ser relevante y presente. Él es el gran YO SOY.

Supongo que damos por sentado querer que nuestros hijos tengan un encuentro con Dios. Yo he peleado específicamente para que mis hijos vean y experimenten un mover auténtico de Dios a lo largo de los años. Si Dios lo estaba haciendo, yo lo quería para mí mismo y para mi familia. Viajaba cuando era necesario y pasaba tiempo con héroes de la fe siempre que era posible. Era una de mis responsabilidades fundamentales asegurarme de que mi hogar estuviera expuesto al *más de Dios*.

Todos tenemos delante de nosotros diferentes tipos de oportunidades. Algunas son oportunidades importantes para un cambio significativo, y otras son más sutiles. Si tomamos las que Dios nos ha dado, Él nos dará más, y las oportunidades aumentarán en significado. Atraemos aquello de lo que tenemos hambre.

## LA MARCA DISTINTIVA

Hay un versículo muy interesante, Josué 24:31, que se repite casi palabra por palabra en Jueces 2:7. En el libro de Josué dice: "Y sirvió Israel a Jehová todo el tiempo de Josué, y de los ancianos que sobrevivieron a Josué y que sabían todas las obras que Jehová había hecho por Israel". Josué era un padre espiritual para una nación. Quiero utilizar su ejemplo aquí para ilustrar nuestra necesidad de este tipo de exposición a las obras sobrenaturales de Dios.

El punto que establece este pasaje que se menciona dos veces es que lo que distinguía a Josué y su equipo de liderazgo era su exposición a las obras de Dios. Cuando nuevos líderes que no habían estado expuestos a las intervenciones sobrenaturales de Dios llegaron a sus posiciones de gobierno, tenían menos probabilidades de inspirar a una nación a servir a Dios de todo corazón. Pero ¿por qué?

¿Por qué la siguiente generación de líderes no fue tan exitosa en su impacto sobre una nación? Fue la exposición de Josué a las actividades sobrenaturales de Dios lo que afectó sus capacidades y habilidades de liderazgo. Algo fue cambiado en el interior de este gran líder por su exposición. El efecto de este descubrimiento es de amplio alcance. ¡La aplicación de este concepto a la educación de los hijos es inspiradora!

Todos deberíamos soñar con inspirar a personas a amar a Dios con todo su corazón. Josué hizo eso para toda una nación. Ellos fueron exitosos porque su impacto fue genuino e importante. Nosotros vivimos para un impacto así.

Dios inspiró la escritura de la Biblia, donde está registrado que Israel siguió a Dios mientras Josué o sus ancianos seguían aún con vida. Y lo único que se menciona que los distinguía como diferentes a cualquier otro líder con buenas intenciones en la historia de Israel, era el hecho de que estuvieron expuestos a las obras sobrenaturales de Dios.

No puedo imaginar cómo Josué habría recibido mayores habilidades de liderazgo únicamente al ver el maná sobre el suelo cada día. O cómo ver salir agua de una roca le daría mejor perspectiva para su responsabilidad de liderar a una nación. No creo que este pasaje en la Escritura se trate de sus capacidades, pero podría decirse que la exposición a lo sobrenatural tuvo un efecto en él, en aspectos que nunca se mostrarán en una gráfica de habilidades de liderazgo. Josué obtuvo una consciencia precisa de que Dios estaba con él, y de la posibilidad invisible en cualquier situación. Eso cambió su perspectiva de la realidad, junto con su consciencia del ámbito invisible, del que él no tenía ningún control y comprendía muy poco. Sin embargo, él confiaba en el Dios de todas las cosas, y fue esta realidad la que convirtió a Josué en un líder al que el pueblo seguía con alegría. Él fue capaz de extraer de un recurso distinto, simplemente debido a lo que había visto.

El tipo de líderes de Dios, lideran mejor cuando viven conscientes de los siguientes hechos:

1. Nada es imposible.
2. Dios es muy personal y es consciente de nuestros pensamientos e intenciones.
3. Nosotros no somos Dios.

4. Dios no está bajo nuestro control.
5. Todos nosotros daremos cuentas ante Dios de nuestras vidas.

Una consciencia de estas realidades básicas contribuye a vivir el estilo de vida sobrenatural que Josué modeló para nosotros.

## EL EFECTO DE LO MILAGROSO

Josué estaba allí cuando salió agua de la roca; estaba allí para ver dividirse el Mar Rojo y el Río Jordán para que Israel pudiera salir de la esclavitud hacia la libertad. Él vio el fuego de la presencia de Dios en la noche y la nube de la presencia de Dios durante el día. La exposición de Josué a los aspectos sobrenaturales de la naturaleza de Dios fue histórica.

Además de todo eso, Josué tenía un apetito inusual por Dios mismo, como se ve en el modo en que se quedaba en la tienda de reunión después de que Moisés salía de ella para hablar al pueblo: "Y hablaba Jehová a Moisés cara a cara, como habla cualquiera a su compañero. Y él volvía al campamento; pero el joven Josué hijo de Nun, su servidor, nunca se apartaba de en medio del tabernáculo" (Éxodo 33:11). No hay ninguna duda de que Josué tuvo un encuentro con el Dios de gloria de maneras que no pueden expresarse. Él amaba la presencia de Dios.

Mientras que Josué fue el líder de una nación, tú eres el líder tu hogar. Y el principio del *efecto de estar expuesto a lo sobrenatural* sigue siendo real para nosotros. ¿Qué es algo más grande que podrías dar a tus hijos que el que seas alguien que ha estado expuesto a las intervenciones sobrenaturales de Dios?

Si puedo llevar esto un paso más adelante, aunque es importante para mí ver las obras de Dios por mí mismo e influir a mis hijos como resultado, es exponencialmente más poderoso que mis hijos también las vean. Esta es una prioridad para nosotros como padres que nos costará tiempo, dinero y un gran riesgo. Así debe ser, ya que dejará una marca permanente de Dios en nuestros hijos.

## NUESTROS AMIGOS LOS PROFETAS

Beni y yo trabajamos duro para quitar lo espeluznante de lo sobrenatural, pero yo no quería hacer que lo sobrenatural pareciera tan común que pudiera descartarse. Por lo tanto, entendemos que hay cierto tipo de tensión extraña: no queremos hacer que lo sobrenatural sea tan frío y tan distante que nadie pueda acercarse a ello, pero tampoco querremos hacer que sea tan casual que no sea respetado.

Lo profético era una parte muy importante de nuestra vida. Varias veces al año teníamos invitados en la iglesia para ministrar en Weaverville. Ellos ministraban con poder, y tenían una gran influencia sobre nuestra congregación. Y algunos de ellos eran profetas. Nuestra alegría era albergarlos en nuestro hogar para comer y tener tiempos de comunión y compañerismo.

Cuando hay profetas genuinos en la casa, el tipo de ministros que aman a Dios y a su pueblo, sirven con mucho poder y sabiduría. Nosotros nos alimentamos de aquellos tiempos especiales con ellos por muchos años. Dios utilizó aquellos tiempos para moldear quiénes éramos mediante esos siervos maravillosos de Dios.

Hay dos hombres en particular que más nos sirvieron: Dick Joyce y Dick Mills. Es interesante que Dick Mills fue mentor de Dick Joyce durante un tiempo en sus primeros años en el movimiento carismático. Estos hombres tenían un don poco usual de declarar la palabra precisa del Señor para el momento a cualquiera con quien hablaran. Era hermoso observarlo y aprender.

Dios usó a estos hombres para dar poderosas palabras de aliento y perspectiva a nuestra iglesia durante años. Era divertido en una ciudad pequeña ver a personas recibir palabras personales de parte de Dios, porque conocíamos a casi todos los que estaban en la sala. En una reunión en particular, Dick Mills me pidió que escogiera a media docena de personas para que las ministrara. Yo fui escogiendo a quienes destacaban para mí, incluyendo una pareja que casi había perdido a su bebé debido a la muerte súbita. Encontraron al niño de color azulado y sin poder respirar. Por fortuna, un equipo médico pudo realizar una reanimación. Aquellos padres estaban aterrados de que pudiera volver a suceder. Cuando los llevé delante de Dick, no le dije nada a él sobre su situación. De hecho, nunca le dije nada sobre ninguna de las personas a las que estaba a punto de ministrar, ni sobre las circunstancias que ellos estaban enfrentando.

Cuando Dick agarró las manos de esta pareja, mostró una gran sonrisa y declaró: "¡Su hogar es el lugar más seguro en toda América!". Entonces continuó dando a esta pareja muchas promesas de la Biblia sobre la seguridad que Dios les había prometido.

La esperanza era tangible aquel día. Todos fueron testigos del toque personal de Dios sobre una familia a la que queríamos y que cuidábamos. Las referencias a cualquier versículo que se citaba durante ese tiempo de ministerio siempre se anotaban para los receptores, de modo que pudieran alimentar sus corazones con lo que Dios había dicho. Fue muy hermoso. Muy personal. Ellos nunca tuvieron otro problema con su hijo. Su hogar ciertamente era seguro.

Dick Mills tenía memorizadas más de siete mil promesas de la Biblia en varias traducciones. Desde esa vasta reserva, Dios le mostraba lo que encajaba en una situación dada. Mediante este tipo de ministerio, Dios fue misericordioso en restaurar la confianza en lo profético a una parte del cuerpo de Cristo que la había rechazado debido a abusos en el pasado. Muchos cristianos que habían sido alejados de lo profético quedaron afectados profundamente por las palabras de Dick para ellos. Es difícil argumentar con el uso de la Escritura.

Tanto Dick Mills como Dick Joyce nos ministraron a mi familia y a mí en muchas ocasiones. Ellos veían el tesoro plantado profundamente en uno de mis hijos, y lo llamaban a salir. Siempre eran muy generosos con su tiempo y afecto. Estoy para siempre en deuda con ellos por el depósito que hicieron en mi hogar.

## NO UN HORARIO PERFECTO

Lo que valoramos se verá en cómo manejamos nuestro tiempo. Si yo digo que mi esposa es la persona más importante para mí, pero no le dedico nada de tiempo, tendrás razones para cuestionar mi afirmación. Horarios y chequeras revelan mucho sobre nuestras prioridades.

Siempre que vivimos en un lugar donde la incomodidad es normal, vivimos en un lugar de sacrificio. Y el fuego (Dios) siempre cae sobre el sacrificio.

El horario de estos eventos especiales en mitad de semana con nuestros amigos profetas pocas veces era amigable con la familia. Eso significa que siempre había mucho ajetreo para que la familia comiera y estuviera lista para la reunión, y después conseguir que los niños estuvieran en la cama a una hora de algún modo razonable. Sin embargo, asistir a este tipo de eventos no era negociable para mi casa y para mí. Parecía demasiado probable que Dios intervendría y haría algo transformador para todos los que estaban en la sala, y yo no quería que nadie en mi familia se lo perdiera; de modo que ahí estábamos. Siempre. Sin excepción. Incluso mientras escribo estas palabras puedo oír las objeciones tan bien pensadas. Las conocía entonces, igual que las conozco ahora. No me importaba. Todos participábamos.

Podrías decir con razón que yo tenía que asistir a esos eventos como pastor; y eso sería cierto, pero solo en parte. Vivo de ese modo incluso cuando mi trabajo no lo requiere; participo en eventos incontables cada año en los que no es obligatorio que esté, pero estoy. Necesito más; mucho más. Y aunque Dios conoce mi dirección de modo que podría hacerme llegar lo que necesito, yo también conozco la de Él. Él está entre los santos: "en quien vosotros también sois *juntamente* edificados para *morada de Dios* en el Espíritu" (Efesios 2:22, énfasis añadido). Hay algunas cosas en Dios que solamente encontraremos en la reunión colectiva.

El valor que le doy a la reunión colectiva es muy elevado, incluso cuando parece que está sucediendo poca cosa. Jesús se apareció a 500 personas después de su resurrección (ver 1 Corintios 15:6), pero había solo 120 en el aposento alto el día de Pentecostés, cuando el Espíritu Santo fue derramado. ¿Fue porque a los 500 no les dijeron que se reunieran y oraran? ¿Tenían que hacer algo más ellos? ¿Era demasiado para los otros 380 la reunión de oración de diez días? Realmente no lo sé. Pero lo que sí sé es que me duelo para que mis hijos y nietos vean más de lo que yo he visto, que experimenten más de lo que yo he experimentado, y que sean lanzados en la vida mucho más lejos de lo que yo nunca llegaré a ser o lograré. Para hacer todo eso, deben tener su propio encuentro divino, y eso en raras ocasiones sucede en los entornos casuales de la casa o iglesia promedio.

## DEUDA DE POR VIDA

Yo les debo a mis hijos algo más que el devocional familiar. Les debo algo más que ser un buen ejemplo de lo que es ser cristiano. Les debo un encuentro con el Dios de toda fuerza y poder, porque eso es lo que cambia a las personas de forma continuada.

Una de las afirmaciones que hago a nuestra congregación es: *La mayor parte de lo que necesitan en la vida llegará a ustedes; pero la mayor parte de lo que ustedes quieren tendrán que ir a conseguirlo.* Dios es tan generoso y bueno que podemos vivir en la posición de recibir todo el tiempo y probablemente lo haremos bien. Lo que me preocupa es que a menudo nos conformamos con lo que nos traen de manera cómoda; sin embargo, nacimos para algo más, y sabemos eso en lo profundo de nuestro corazón.

Hay algunas cosas que debemos obtener en la pelea, en la búsqueda y en las trincheras. No llegarán hasta nosotros. Yo debo clamar y perseguir esas cosas en fe. Esta es mi postura, especialmente para mis hijos y nietos. Esta es la tensión entre descansar y pelear, entre recibir y agarrar, y entre vivir como un hijo de Dios y vivir como un soldado de Cristo responsable. Es ambas cosas.

Puede que sea imposible estar involucrado en todo, y eso es especialmente cierto en un lugar como Bethel. Uno de nuestros ancianos dijo en tono de broma: "Deberíamos cambiarnos el nombre y ponernos *Denny's: Abierto siempre*". Los calendarios están irrazonablemente llenos para que cualquier persona pueda asistir a todo. Ese no es el punto. Sencillamente haz algo que esté fuera de lo común y ordinario, algo que te costará tiempo y esfuerzo. Ora pidiendo dirección para que emplees bien tu tiempo y que así tus hijos tengan un encuentro con Jesús. Recuerda: un solo toque lo cambia todo.

## NUESTRO PROPIO MOVER DE DIOS

Asistí a una conferencia en Vineyard en Anaheim, California, en la primavera de 1987, que se convirtió en un punto de inflexión personal. Tenía mucha hambre de que Dios hiciera más en mi vida. Aunque no puedo decir que experimenté nada inusual, hubo personas que comenzaron a ser sanadas después de mi regreso a casa. Eso *nunca* antes había sucedido. El Dios de poder parecía entrar en la sala, y comenzaron a suceder cosas de las que yo había leído pero que nunca había visto personalmente.

Recuerdo una reunión en la que yo ministré a todos nuestros niños en la iglesia. El Espíritu Santo comenzó a tocar a aquellos niños y niñas poderosamente. Nunca lo olvidaré. Eric, que tenía unos doce años en ese entonces, estaba ministrando conmigo. Él comenzó a orar por un niño en particular y entonces sintió que el Espíritu Santo le decía que esperara un momento y que Él le mostraría por quién orar. Entonces oró por otro niño, que fue tocado poderosamente por Dios. Más adelante aquella noche, el padre llamó a nuestra casa para preguntar qué había sucedido. Esto podría sonar un poco extraño, pero ese niño no pudo hablar por varias horas, y lloraba siempre que alguien mencionaba el nombre de Jesús. Dios había puesto su marca en ese niño, y se convirtió en una experiencia inusual pero atesorada.

Los niños nacen para el mover de Dios, y nosotros tenemos que hacer todo lo que podamos para exponerlos a eso. Una vez llevé a Brian a India conmigo para ministrar junto con Dick Joyce a una multitud de muchos miles de personas hambrientas. Las personas amaban a Brian y no dejaban de tocar su cabello rubio. Exposición, exposición, experiencia, experiencia. Este debe ser nuestro mandato para nuestros hijos. Aunque no podemos obligarlos a experimentar nada, podemos hacer que tengan hambre y estén dispuestos.

En una ocasión llevé a mi familia a una conferencia en otra ciudad donde yo era el orador. Ellos nadaron en la piscina y fueron de compras durante el día, pero asistieron a las reuniones conmigo en la noche. Recuerdo una vez en particular de oración por las personas alrededor del altar. Fue muy poderoso, y en mitad de todo aquello Eric se acercó a mí, llorando. Me pidió que orara por él porque no había oído a Dios hablarle en unas tres semanas. Yo oré, ¡pero sentí como si él debería haber orado por mí!

## Y UNA VEZ MÁS

En 1995 tuvimos otro derramamiento del Espíritu Santo. Sucedió en los meses siguientes a mi primera visita a Toronto. Lo que estaba sucediendo allí era contagioso, y para entonces la mayoría de nuestra congregación estaba siendo impactada de modo muy transformador. Era muy hermoso. Aquella vez fue mucho más poderosa que el derramamiento anterior, y se debía en parte a que yo no sabía cómo sostener un mover de Dios en 1987. No entendía que es Dios quien enciende el fuego sobre el altar, pero son los sacerdotes quienes lo mantienen ardiendo. Un fuego nunca se apagará si tiene combustible que quemar. Nosotros nos convertimos en el combustible para el fuego. Los corazones entregados arden bien.

Ese derramamiento de 1995 afectó todo en nuestras vidas. Todo. Milagros, vidas transformadas, experiencias inusuales en nuestras reuniones: todo eso se convirtió en la norma en esa temporada nueva. Fue aquella temporada la que Dios usó para moldear muchas cosas en nuestra familia. Nacimos verdaderamente para los movimientos de Dios.

Entonces, hace unos años atrás, cuando comenzamos a tener manifestaciones inusuales de lo que parecía como polvo de oro en una nube y cosas de esa naturaleza en nuestros servicios, yo no sabía qué hacer, si debía caer al piso, esconderme, o adorar. Llegaba una manifestación, simplemente de modo inesperado; y entonces comencé a observar a los niños. Ellos corrían con las manos y las bocas abiertas. Sin ninguna vacilación, corrían hasta el medio de todo ello, como para decir: "Dios está aquí, ¡y voy a disfrutar de Él!". Y pensaba para mí: *Quizá debería seguirlos.*

El punto es que los niños estaban ahí. Es fundamental que escojamos bien nuestros momentos para que nuestros hijos sigan expuestos no solo a testimonios en video, por mucho que me gusten, sino también a ver suceder algo, a ver a alguien tocado y lleno de gozo, a ver a alguien llorando y acudiendo a Cristo, a ver a alguien confesando pecado, a ver a alguien siendo liberado del tormento que él o ella han sufrido. Es importante que nuestros niños vean a Dios obrar, y no solo a personas haciendo la obra de Dios.

## LOS SABIOS TODAVÍA VIAJAN

Recuerdo sentir una gracia sobre nuestro hijo Eric para el evangelismo, de modo que lo llevé fuera de la ciudad para escuchar a Mario Murillo. Mario era el hombre al que Dios usó para convertir mi corazón en un amante afectuoso de Jesús. Siempre estaré en deuda con él por eso y por mucho más. Él tiene dones únicos para lo milagroso, y es usado con frecuencia para llevar milagros radicales a las necesidades desesperadas de personas, para la gloria de Dios. Mario también llegó a Weaverville para ministrar. Qué privilegio estar con mi amigo, a quien le debo tanto. Su impacto sobre nuestra iglesia, y sobre mi familia, es significativo.

Tener a mi familia expuesta a quienes operan de modo diferente a mí es de extrema importancia; y cuando tales personas lo hacen con poder, debemos estar ahí para apoyar, recibir y aprender. Es fundamental que mis descendientes vean que las imposibilidades de la vida se postran ante el nombre de Jesús mediante los labios de un creyente. A su vez, ellos deben aprender a hablar del mismo modo y ver los mismos resultados.

Es mucho más fácil cuando lo que deseas está sucediendo en tu propia iglesia, o al menos en tu ciudad natal. Es obvio que ese no es el caso para la mayoría de las personas. En esa situación, oras por ello en tu hogar, oras por ello en tu iglesia, y oras por ello en tu ciudad. Clama a Dios. ¡Él no te decepcionará! Pero hasta que tengas un avance personal, viaja cuando sea posible. Yo siempre aconsejo a las personas que acudan a uno de mis mejores amigos: Randy Clark, de Global Awakening Ministries. Él lleva a personas por todo el mundo en viajes misioneros. La mayoría de las personas verán más milagros en uno de sus viajes de los que muchos ministros hacedores de milagros verían en varios años de servicio. Literalmente. Pero la parte más divertida es que esta gracia para la sanidad y los milagros es contagiosa, y te seguirá a tu hogar. Si alguna vez es posible, lleva a tu familia a un viaje así. No puedo imaginar un modo más significativo que ese de impactar el destino de una familia.

Tenemos muchas familias que viajan a Bethel para sus vacaciones. Varios niños han escogido un viaje para estar con nosotros en lugar de escoger Disneyland o cualquier otro destino emocionante de vacaciones. La semana pasada conocí a otra joven que asistió durante varios días. Era su regalo de cumpleaños. Nos visitan parejas en su viaje de luna de miel, obteniendo todo lo que pueden. Las personas están sintiendo tal hambre que harán todo lo necesario para tener un encuentro con Dios de una manera más profunda. Y eso es lo que nos debemos a nosotros mismos y después a nuestras familias. Nuestra exposición a las intervenciones sobrenaturales de Dios nos cambiará para siempre. Cuando eso se transmite a una generación de vencedores de gigantes que están creciendo, su impacto es profundo y dura toda la vida.

# 17

# LA GUERRA ESPIRITUAL EN LA PRÁCTICA

El hogar es el lugar para la aceptación, el gozo, la celebración y el trabajo. Es el lugar donde nuestros hijos aprenden responsabilidad, pero la recompensa también se vuelve cada vez más obvia. Los padres tienen el mandato de hacer que sus hogares sean refugios de paz.

Una realidad de la que hablamos antes es que nacimos en una guerra, y esto es más cierto de lo que a muchos les gustaría admitir. Y aunque una de mis metas ha sido no vivir nunca demasiado consciente del diablo, también ha sido una meta no ser engañado por sus estratagemas. Él miente, manipula, acusa, distrae, divide, y trabaja para alejarnos de nuestra tarea privilegiada en la vida. Vino para matar, robar y destruir. Si veo pérdida, muerte y destrucción, sé que él ha estado presente. Pero Jesús vino para dar vida, y su vida conquista toda muerte, pérdida y destrucción haciendo ahora una transfusión de eternidad a nuestras venas.

Yo intenté ayudar a cada uno de mis hijos a aprender sobre las trampas del diablo para que entendieran cuándo intenta engañarlos y llevarlos a su modo de pensar. Muy a menudo la batalla es por la mente. Para ilustrarlo, quiero relatar una historia sobre mi hijo Brian. Esto sucedió en un periodo muy desafiante de su vida.

## INVASIONES EN LA NOCHE

Brian era el que a una edad muy temprana sentía cuando Beni se levantaba temprano para orar. Las mamás de pequeños entenderán este reto: encontrar un momento y lugar donde no haya niños pequeños que necesitan atención concentrada. Beni se levantaba, sin hacer nada de ruido, y se iba a la sala cerca del calor de la estufa de leña. Siempre le ha encantado pasar tiempo de calidad con Jesús; pero Brian sabía de algún modo cuando ella estaba orando, y llegaba con su pequeña manta y se acurrucaba junto a ella sin hablar ni pedir nada. Puede que él fuera el primero en nuestra familia en "empaparse" en la presencia del Señor. Beni parecía tener la sensación de que él era atraído al momento, ya que él tenía un hambre incorporada de la presencia del Señor.

Cuando Brian tenía unos siete años, comenzó a experimentar cosas atormentadoras que le sucedían en la noche. Acudía a mí con la expresión más aterrorizada en sus ojos cuando el tormento lo golpeaba. Ahora bien, yo sé quién soy en Cristo, y soy muy consciente de mi autoridad, pero aquello parecía llegar a un nivel al que yo no estaba acostumbrado.

Oraba con Brian antes de irse a la cama, asegurándome de que supiera quién era él en Cristo, y quién era Dios para él. Pero había pocos cambios. Recuerdo una noche en la que él llegó a nuestro cuarto totalmente aterrado. Lo metí en la cama a mi lado, y Beni se fue al otro cuarto para así poder orar, pero después también dormir.

Mientras estábamos tumbados en la cama comencé a enseñar a Brian sobre la guerra espiritual. Hay cuatro armas de las que yo había sido consciente y que quería que él aprendiera a utilizar. Hacerlo le permitiría vivir un estilo de vida de victoria. Sin aprender a usar estas herramientas, tendría que depender de otros para obtener ayuda.

Estoy seguro de que has escuchado la ilustración de darle a un hombre un pez contrariamente a enseñarle a pescar. Si le das un pez, tiene comida; si le enseñas a pescar, puede alimentarse a sí mismo toda la vida. Ese mismo concepto estaba en funcionamiento aquí. Si Brian aprendía a utilizar lo que Dios le había dado tendría victoria, pero también sería capaz de impartirlo a otros. Si no aprendía a usar las armas por sí mismo, tendría que depender de la ayuda de otros para estar bien. Las cuatro armas son las siguientes:

1. La sangre de Jesús
2. La Palabra de Dios
3. El nombre de Jesús
4. La alabanza

En la noche, él y yo hablábamos de cada arma y cómo utilizarla, y después practicábamos lo que yo había hablado con él. Nuestras conversaciones seguían una línea parecida a la siguiente:

*La sangre de Jesús* nos hace libres. Debido a la sangre es que tenemos un derecho legal a cada victoria en Cristo por toda la eternidad. Mediante la sangre es como hemos sido apartados, alejados de un uso común, para los propósitos del Rey y de su Reino. Reclamar la sangre de Jesús sobre nuestras vidas es solamente para enfatizar por la fe la realidad que ya existe para nosotros.

*La Palabra de Dios* es el arma más poderosa. Recuerdo orar por un joven que había tenido un accidente. Ya no tenía ondas cerebrales, ni tampoco señales vitales. Los médicos lo mantenían con vida enchufado a máquinas. Yo llegué a la sala de urgencias y oré por él, declarando la Palabra del Señor sobre su vida. Él despertó a la mañana siguiente completamente bien. Por la Palabra del Señor es como fue hecha la creación; y es mediante la Palabra del Señor como somos equipados para pelear. Pablo le dijo a Timoteo que peleara según las profecías hechas con respecto a él (ver 1 Timoteo 1:18). Dios todavía habla, pero nunca contradiciendo su Palabra. Cuando Él nos habla, nos está equipando para ganar la batalla por nuestro destino.

*El nombre de Jesús* es el nombre ante el cual se doblará toda rodilla, y toda lengua confesará que Jesucristo es Señor. Esto es Realidad 101. El diablo teme el nombre de Jesús; no teme mi nombre, pero me teme a mí cuando opero en el nombre de Jesús. Tiembla verdaderamente delante de cualquiera que conozca el poder de ese nombre. Usar el nombre de Jesús es encontrar refugio en su nombre. Es una torre fuerte, un refugio en la batalla (ver Proverbios 18:10). Aprender esta herramienta es vital para todo creyente.

*La alabanza* es muy poderosa. David parece ser quien descubrió esta verdad. Cuando Dios es levantado en alto en alabanza, sus enemigos son dispersados (ver Salmos 68:1-2). Hay tanta información sobre este tema en la Escritura, que casi tendremos que leer su Palabra con anteojeras para no verlo. La alabanza es un arma tan eficaz que llega a ser tentador dar alabanza a Dios tan solo para ganar un conflicto espiritual, en lugar de hacer que sea la herramienta que utilizamos para darle gloria. Él es quien hace que la alabanza sea poderosa contra las potestades de las tinieblas. Isaías 42:10-13 lo ilustra muy bien. La alabanza está enfocada en Dios, no en el diablo, y esa distinción nos ayudará en aprender a utilizar estas armas con eficacia.

## NUEVOS CONVERTIDOS

Recuerdo a una pareja que acababa de entregar su vida a Cristo. Ellos sentían un poco de pánico porque, cuando oraban, su hijo comenzaba a gruñir mostrando una manifestación obviamente demoniaca. Algunas veces, el estilo de vida de los padres antes de recibir a Jesús da a sus hijos diversas oportunidades para llegar a estar demonizados.

Le di a este papá una breve lección sobre guerra espiritual y le dije que orara por su hijo mientras dormía en la noche. Él lo hizo, y aquella primera noche el niño comenzó a dar sacudidas sobre la cama, pero después se quedó tranquilo. Llegó la liberación, ¡y su hijo se despertó con normalidad y libre a la mañana siguiente!

Los padres siempre tienen este tipo de autoridad; sin embargo, en nuestra pelea por Brian tuve que utilizar su voluntad y obediencia como parte de nuestra victoria. Yo no entendía entonces lo que sé ahora: que Dios usa la estrategia del diablo contra él convirtiendo el área de debilidad que es el objetivo, en un área nueva de fortaleza. Todo esto es por la gracia de Dios. Y la vida de Brian es ahora un testimonio de este hecho.

## EL CAMPO DE BATALLA LLAMADO NOCHE

Como siempre, yo oraba con Brian antes de que se fuera a la cama, como hacía con todos mis hijos. Oraba específicamente con respecto a este problema de los terrores nocturnos. Cuando él estaba en la cama durmiendo, yo acudía otra vez a su cuarto para orar por él un poco más; sin embargo, él se despertaba a menudo lidiando con el mismo problema.

Entonces él iba otra vez a mi cuarto, mientras Beni se iba al cuarto de invitados a dormir. A mí nunca me importó lo más mínimo. Necesitábamos ganar esta batalla juntos. Hablábamos sobre un principio bíblico de victoria, y después orábamos y adorábamos. La alabanza se convirtió en un arma principal para Brian, al igual que lo ha sido para mí. A veces declarábamos la Palabra de Dios hasta que llegaba la victoria. Brian finalmente llegaba a un lugar de paz otra vez y se quedaba dormido.

Recuerdo una noche en particular cuando le dije que viniera a mi cuarto siempre que me necesitara, pero que quería que él intentara algo antes. "Antes de que acudas a mí", le dije, "comprueba si Dios te da una palabra para utilizarla para tu propia victoria".

Él nunca llegó aquella noche. Cuando nos sentamos a desayunar, le pregunté emocionado si todo iba bien, porque no había ido a mi cuarto en la noche. Él dijo que fue una noche horrible, de modo que le pregunté por qué no había acudido a mí, y me dijo que era porque había hecho lo que yo le dije. Le había pedido a Dios que le hablara en su Palabra. Dios fue muy generoso al darle exactamente lo que necesitaba, y hasta la fecha puede citar ese versículo. Se convirtió en parte de su arsenal de armas para utilizar contra las asechanzas del diablo.

Algunas veces nuestras victorias llegan en un momento, a menudo precedidas por una acción muy concreta que Dios dirigió; pero otras veces nuestra victoria llega con bastante lentitud y está relacionada con nuestro crecimiento. Lo segundo sería el caso para Brian. Aunque hubo momentos de victoria, el problema general fue disminuyendo a medida que él se convirtió en el hombre que Dios había creado que fuera. Como siempre, el diablo se pasó de listo. Actualmente Brian ejerce gran autoridad sobre este problema, ayudando a incontables números de personas que tienen problemas similares. Su victoria personal se convirtió en una bendición colectiva, y ahora él ha dirigido a incontables personas a la libertad. Su vida grita ahora: ¡libertad por medio de Jesús!

## LA MESA DEL SEÑOR

Ya he mencionado la sangre de Jesús como un arma, pero me gustaría enfocarme con más claridad en esta parte de nuestras vidas tal como se encuentra en la Eucaristía: la Comunión. Este es uno de los momentos más especiales en la vida del creyente. Es cuando honramos al Señor recordando su muerte y resurrección, y proclamamos su próxima venida.

A Beni y a mí nos gusta tomar la Comunión cada día. En realidad, eso significa que participamos de esta comida tan importante con mucha frecuencia. A veces lo hacemos juntos, y otras lo hacemos individualmente. Independientemente de cuándo o cuántas veces participemos, se ha convertido en una herramienta principal en nuestras vidas por causa de nuestra familia.

En un capítulo anterior presenté la historia de cómo Job ofrecía sacrificios por sus hijos después de que ellos hicieran una celebración de cumpleaños o participaran juntos en otros grandes eventos (ver Job 1:4-5). Este era su papel de intercesión, y la Biblia dice que él lo hacía continuamente. ¡Me encanta esto! El ejemplo de Job siempre ha avivado mi corazón por mis hijos. Él no esperaba a que ellos pecaran, y después clamaba a Dios por ellos. Clamaba a Dios por si acaso ellos podrían haberse vuelto descuidados en sus corazones. Lo hacía durante su tiempo de bendición, no solamente en las crisis. Esto me resulta muy asombroso. A la luz de este principio, quiero hablar de la Comunión: el cuerpo partido y la sangre derramada de Jesús. Beni tiene un maravilloso libro nuevo sobre este tema: *El poder de la Comunión*.[6]

## EL PAN

El pan es el cuerpo partido de Jesús. Él fue quebrantado para que nosotros pudiéramos ser sanados. Él se vació para que nosotros pudiéramos ser llenos. Él fue rechazado para que nosotros pudiéramos ser aceptados. Él se hizo pecado para que nosotros pudiéramos ser hechos justos. La lista continúa. Él llevó nuestro quebranto, nuestra aflicción, nuestra enfermedad y nuestro tormento sobre sí mismo para que nosotros no tuviéramos que hacerlo.

El cuerpo partido es su carne desgarrada. Su carne fue desgarrada durante su flagelación, cuando fue azotado. Con respecto a estas heridas en su carne, la Escritura dice que por sus llagas fuimos sanados (ver 1 Pedro 2:24). Cuando sostengo el pan delante del Señor, hago confesión de lo que Dios ha dicho. Sigo esta línea: "Por las llagas de Jesús fui sanado". Entonces paso a orar por amigos que están sufriendo problemas físicos: "Por las llagas de Jesús, María fue sanada. ¡Cáncer, desaparece!".

Continúo con esta forma de oración con declaración hasta que he terminado con todas las personas que Él me trae a la mente. Una de las amigas de Beni tenía varias enfermedades terminales, y Beni le alentó a tomar la Comunión cada día. Ella lo hizo. Un par de meses después fue sanada de todas ellas. Por esto sufrió Jesús cuando murió.

## LA SANGRE

Es la sangre de Jesús la que nos hace libres. Fue el derramamiento de la sangre inocente del Cordero de Dios lo que derrotó el historial y el poder del pecado para siempre en la vida del creyente.

Cuando sostengo la copa delante del Señor, me gusta hacer confesión y proclamación una vez más. Declaro con autoridad: "pero yo y mi

6. Ver Beni Johnson, *The Power of Communion: Accessing Miracles through the Body & Blood of Jesus* (Destiny Image, 2019).

casa serviremos a Jehová" (Josué 24:15). Le recuerdo al Señor el hecho de que en el Antiguo Testamento era sacrificado un cordero por casa. Y eso era mediante un pacto inferior. Yo quiero que cada uno de mis descendientes lo sirva a Él de todo corazón y con gran alegría. Y por eso oro hacia ese fin.

Entonces menciono por nombre a cada miembro de mi familia según cada hogar: Eric y Candace, con sus hijas Kennedy y Selah; Brian y Jenn, con sus hijos Haley, Téa, Braden y Moses; Gabe y Leah, con sus hijos Judah, Diego, Isabella y Cruz. Entonces oro para que la sangre de Jesús cubra a cada miembro de la familia y que Dios dé a cada uno de ellos un corazón para conocerlo a Él. También pido a Dios que les enseñe sus caminos y que conozcan los caminos del Espíritu Santo en avivamiento todos sus días. Este es mi clamor.

De ahí paso a otras situaciones en oración, lidiando específicamente por los tres hombres muy conocidos que han establecido como objetivo exponerme como hereje o como alguien que está fuera de la fe. La Escritura es clara: no se nos permite criticar al siervo de otro (ver Romanos 14:4). Estos hombres no trabajan para mí. Trabajan para Dios. Y si Dios no me defiende, no soy digno de defensa. En este momento de oración por estos líderes en el cuerpo de Cristo, le pido a Dios que les dé una gran bendición, como la de ver a cada uno de sus hijos y nietos servir al Señor con gran celo y alegría. Le pido al Señor que los prospere de todas las maneras posibles, de modo que nunca les falte nada.

Sigo adelante desde estas áreas de oración, poniendo delante del Señor a los miembros de mi equipo de trabajo y también a muchos amigos cercanos. Pero mi punto debería estar claro: el momento de la Comunión es un tiempo muy especial para mí delante del Señor, para darle el honor y la alabanza por su valiosa obra, al igual que unirme en oración intercesora por mi familia.

Recuerdo que hace varios años atrás escuché a una mujer que oraba de este modo por su hijo extremadamente rebelde. Mientras ella sostenía la copa delante del Señor, reconoció que la sangre de Jesús era suficiente para su hijo, y que ella estaba reclamando su alma. Unas horas después, él llamó totalmente arrepentido.

## POR FAVOR, PRUEBA ESTO EN TU HOGAR

Tal como entiendo la vida en este Reino, el poder de Dios/la voluntad de Dios es liberado por medio de nosotros de tres maneras concretas: un decreto, el acto de fe y un acto profético. Veamos más de cerca estas tres cosas.

*Decreto*: es cuando nosotros decimos lo que Dios está diciendo. Jesús nunca oró por los enfermos, que podamos leer. Pero Él hablaba a un problema, ya fuera un demonio, una enfermedad o el entorno, como una tormenta. Algunas veces tan solo es necesario declarar algunas cosas. La vida y la muerte están en el poder de la lengua. Escoge la vida.

*Acto de fe*: es aquí donde la verdadera fe nos lleva a hacer algo irrazonable. Puede ser vaciar mi cuenta bancaria para hacer donativos, cuando soy yo quien necesita una victoria. Este acto no es un truco para conseguir fe; en cambio, es la expresión de la fe.

*Acto profético*: es cuando se requiere una acción del Señor que no tiene ninguna relación lógica con el resultado deseado. Viene a mi mente la historia bíblica del profeta que lanzó un palo al agua para recuperar un hacha perdida (ver 2 Reyes 6:1-7). Podemos lanzar palos al agua todo el día y no conseguir que hagan que el hierro salga a la superficie, a menos que, desde luego, Dios diga que lancemos un palo.

Cada uno de estos tres actos ha de convertirse en una herramienta que ayude a producir victoria. Es interesante que tanto Eric como Brian tuvieran verrugas muy grandes en las plantas de sus pies al mismo tiempo. Las verrugas tenían aproximadamente el tamaño de una moneda. Enseñamos a los muchachos a "hablar a la montaña", ordenándole que fuera eliminada en el nombre de Jesús. Ellos hacían eso siempre que se acordaban, por muchos días. Una noche mientras los metíamos en la cama observamos que uno de ellos ya no tenía ninguna verruga.

Cuando miramos al otro, la verruga realmente cayó en su mano. Unos años después le sucedió lo mismo a Leah. Ella aplicó el mismo principio, y la verruga desapareció.

Una verruga no es una montaña, pero nos proporciona una buena práctica para que aprendamos a demostrar nuestro propósito y tarea de liberar la voluntad de Dios en la tierra. Atrapa tus momentos para enseñar a tus hijos sobre la autoridad que tienen en este maravilloso Reino.

## DESDE LA CRUZ

Jesús no sufrió del modo en que lo hizo para que nosotros pudiéramos asistir a la iglesia. No estoy menospreciando la asistencia a la iglesia. Me encanta. Pero hay mucho más. Él nos compró, llevándonos a su familia para que pudiéramos manifestar quién es Él y lo que Él es para el mundo. ¡Tenemos el honor de *re*-presentar a Jesús!

De la misma manera que la resurrección siguió a la cruz, así también las victorias de la promesa siguen a nuestro sacrificio en la educación de los hijos. Como Él se entregó a sí mismo a nosotros de la manera más extrema posible, así también debemos vivir con la consciencia de que no hay nada que Él no hará para permitir nuestro éxito en la tarea que Él nos ha encomendado. La educación de los hijos es un papel sagrado, que sigue el modelo del Padre y el Hijo. Tenemos el privilegio de abrazar esta misión sabiendo que Él es más que suficiente para compensar nuestra debilidad e ignorancia, asegurando que su victoria en el sepulcro sería nuestra victoria en el hogar.

Dios ha escogido a nuestras familias para que tengan un impacto en el rumbo de la historia mundial. Se nos han dado todas las herramientas que necesitamos para producir la transformación y el discipulado de naciones que Él desea. Todo lo que necesitaremos jamás fue provisto para nosotros en el sacrificio del Cordero de Dios. Y es desde el lugar de su conquista que tenemos la confianza para vivir, servir e imaginar el futuro. Por esta razón, tenemos una esperanza inquebrantable.

Por todo esto pagó Jesús. Él desea que tengamos hijos, que tengan hijos, que tengan hijos… que impactarán al mundo con su amor, poder, sabiduría y pureza. Y hacia este fin es que abrazamos el privilegio de la *crianza intencional*: ¡formar vencedores de gigantes!

# APÉNDICE 1

## 10 COSAS QUE QUERÍA QUE MIS HIJOS SUPIERAN

Esta es una carta que escribí a mi hijo Eric en junio de 1994. En ella hablo de las 10 cosas que yo quería que mis hijos supieran antes de que se fueran de casa. Aunque solamente se menciona a Eric, esta carta representa mi compromiso y mi enfoque también hacia Brian y Leah. Estas eran mis metas para la *crianza intencional*:

*Mi hijo Eric,*

*No creo que sea posible que ningún papá ame a sus hijos más de lo que yo les amo a ti, Brian y Leah. Cada uno de ustedes me hace sentirme muy orgulloso.*

*Los últimos meses han sido difíciles para mí, debido a la graduación de esta noche. He tomado mucho tiempo para pensar en mi papel como padre, preguntándome sobre mi responsabilidad/privilegio en enseñarles las cosas que importan. Antes de que nacieras, decidí seguir a Dios en esta tarea. Los 18* años han pasado demasiado rápido, *y me encuentro dividido: feliz por tu crecimiento y madurez, pero triste de que mi papel esté cambiando. Acababa de comenzar.*

*En este tiempo de reflexión me he sentido en cierto modo como me sentía antes de los finales en la escuela: nervioso, y esperando haber hecho mi parte. Sin duda tú has hecho la tuya. En cualquier caso, hice una lista de cosas importantes que aprender, muy similar a la que hice en mi corazón hace casi*

*18 años atrás. Las llamaré las 10 cosas que quiero que mis hijos aprendan antes de que se vayan de casa. He intentado establecer un ejemplo para ustedes en estas cosas. Donde yo he sido débil, Él permanece fuerte, y les enseñará personalmente.*

**1. *Aprende a orar, simplemente.***

*Sé que no te he ocultado mis pecados y defectos. He querido que conozcas mis imperfecciones, y el compromiso de Dios de perdonar y usar a cualquiera que esté dispuesto a servir. Cuando hemos tenido una necesidad, mamá y yo no la hemos escondido de ti. No queríamos protegerte de estar expuesto a las crisis. Queríamos que aprendieras la oración de la manera correcta: en las trincheras, no solo en el salón de clases.*

*La oración puede crecer mediante la disciplina. Puedes aprender de libros y de los ejemplos de otras personas, pero en todo tu aprendizaje, mantenlo sencillo. Requiere de ti mismo el romance de conocer a Dios, y la oración nunca quedará reducida a ser una obligación.*

**2. *Estarás delante de Dios y rendirás cuentas de tu vida.***

*No puedo imaginar un momento más asombroso en el tiempo que el día en que estemos delante del Señor para rendir cuentas de nuestra vida. El asunto no es dónde será el trono del juicio ante el que tendremos el privilegio de estar como cristianos, si será el cielo o el infierno. Eso ha quedado zanjado para siempre debido a Jesús. La única pregunta que permanece es: ¿qué hice yo con lo que Dios me dio? Él nos ha dado mucho: tiempo, habilidades, amigos, una herencia, perspectiva, propósito, un llamado/tarea, y más de lo que podría enumerar en esta carta. Recuerda, por favor, que este es el único momento que te importará más que todos los demás combinados. Invierte bien en él, porque es allí donde escucharemos: "Bien hecho, buen siervo y fiel".*

**3. *Tú eres responsable de tus propias decisiones.***

*Estoy seguro de que recordarás las muchas veces que trabajamos para hacer entender este punto. Tú acudías a mamá y a mí, molesto por lo que fulano de tal hizo. Entonces decías: "Él me hace enojar mucho". Y nosotros decíamos: "Él no te hizo enojar; esa fue tu decisión". Y después estuvieron las veces en que los amigos hacían algo equivocado, y decías que ellos te llevaron a hacerlo con ellos. Y una vez más, nuestra respuesta era: "Fue tu decisión. Nadie te obligó". Fue difícil al principio, pero parece que agarraste esa lección tan importante.*

*En el tiempo en que vivimos, es cada vez más difícil encontrar personas que no culpen a otros por lo que a menudo es el sencillo resultado de sus propias decisiones. Se ha puesto de moda culpar a todo el mundo, desde maestros hasta padres, la sociedad, e incluso a Dios por cualquier calamidad que llega a nuestro camino. Todo esto es el resultado de personas que priorizan sus derechos por encima de sus responsabilidades. Es una simple mentira con una devastación duradera. ¡Resístela en todos los frentes!*

*Sacarás de la vida lo que pusiste en ella, ya sea en el ministerio, el matrimonio, la familia, el trabajo, la recreación, etc. Dios lo dijo de este modo: cosecharán lo que siembran.*

***4. Lo que vale realmente el dinero.***

*He aprendido mucho a lo largo de los años sobre este tema, y sin embargo tengo mucho más que aprender. Esto es lo más importante: darle a Dios lo primero y lo mejor; la deuda crece como las malas hierbas, mientras que los ahorros crecen como un huerto (quiero decir que mediante el trabajo duro puedes aumentar los ahorros, pero no hacer nada deja espacio para la deuda); generosidad y contentamiento son las dos palabras clave para el éxito financiero; y no trabajes para darle dinero a Dios. Trabaja para honrar a Dios con tu trabajo, y después hónralo a Él con el fruto de tu trabajo.*

*Había esperado enseñarte más de lo que he sido capaz de poder enseñarte. Se debe a que he sido muy lento en aprender y no he pasado todos los cursos.*

***5. Las relaciones valen la pena el alto precio.***

*¿Recuerdas que cada año la temporada de fútbol y la temporada de la Liga Menor se solapaban? Parece que siempre quedaban unos dos o tres partidos en tu calendario de fútbol cuando tu equipo de béisbol comenzaba a entrenar. Siempre era una tentación saltarte el fútbol y pasar a cosas nuevas,*

*pero nosotros siempre requeríamos de ti que terminaras lo que comenzaste. O como lo decíamos entonces: "En lo que te comprometiste primero, es donde debes quedarte hasta terminarlo". El compromiso (o el pacto, como lo llama la Biblia) es la columna vertebral de las relaciones. De ahí provienen la lealtad y la fidelidad. Las buenas relaciones tienen valor por encima de nuestra capacidad de comprenderlo. Tendrás una verdadera riqueza bíblica si tienes unos pocos amigos durante toda la vida. Pero para tener uno, tú debes ser uno.*

*Una cosa más: escoge creer lo mejor de la gente. Dales el beneficio de la duda. Eso nos ahorra mucha angustia y sufrimiento.*

**6. ¡Ocúpate del número uno!**

*No te hemos protegido de las vergonzosas tragedias en la iglesia: los fracasos morales de un gran número de líderes en el cuerpo de Cristo. Muchos de esos hombres y mujeres cayeron simplemente porque intentaron por mucho tiempo dar a las personas más de lo que ellos habían recibido de Dios. Un estilo de vida así nos deja en bancarrota físicamente, emocionalmente, mentalmente y espiritualmente. Desde ese lugar de necesidad puede llegar el descuido. Y el resto es historia. El único antídoto es mantener nuestros graneros llenos, lo cual significa que ponemos en primer lugar nuestra propia relación con Dios.*

*Cuando te subes a un avión, la asistente habla a todos los pasajeros de que la máscara de oxígeno caerá del techo si es necesario. Siempre recuerdan a los padres: "Pónganse la máscara ustedes primero, y después póngansela a sus hijos". Poner tu relación con Dios en primer lugar no es egoísta, como tampoco lo es que los árboles en el exterior alcancen las aguas de las corrientes subterráneas en la tierra. Fueron creados para eso. Cualquier otra cosa no sería falta de egoísmo: ¡sería necedad! Ponerte la máscara tú primero es la garantía de que estarás ahí para poder ayudar a otros.*

**7. ¡Sé excelente!**

*Si vale la pena tu tiempo y esfuerzo, entonces vale la pena hacerlo bien. Y si vas a hacerlo bien, sacrifícate hasta que sea excelente.*

*Observamos que cuando eras niño, eras un perfeccionista. Todo tenía que estar bien, tenía que estar correcto. Este tipo de impulso aflige a los descuidados y convence a los despreocupados; sin embargo, es lo que lleva a los astronautas a la luna, lo que dio a Joe Montana cuatro anillos del Súper Tazón, y ayudó a dos jóvenes a desarrollar un nuevo enfoque de las computadoras desde su garaje, todo ello mientras estaban a la sombra de Goliat (IBM), y finalmente su esfuerzo se convirtió en la empresa de computación más grande del mundo (¡sí,* Mac!).

*Tú has hecho eso muchas veces en tu vida. Simplemente no olvides las dos pautas bíblicas: todo lo que esté en tus manos hacer, hazlo con todas tus fuerzas; y hazlo como para el Señor. Estas dos calificaciones apartan nuestros esfuerzos de lo temporal y los llevan al ámbito de lo eterno, donde realmente cuentan.*

***8. ¡Lee la Biblia, porque sirve de mucho!***

*Nunca olvidaré el día en que compramos la versión International Children's Bible para ti y para Brian. Tenías unos siete años. Al ser la única traducción del mundo para niños (a nivel de lectura de tercer grado), esperábamos que la entenderían más. Mientras estábamos en la librería te hice leer Gálatas 2:20, donde Pablo hace esa clásica declaración: "Ya no vivo yo, sino vive Cristo en mí". Al final de ese versículo tus ojos brillaron, y dijiste con emoción: "Oigan, ¡entiendo eso!". Aquella Biblia podría haber costado mil dólares y yo habría encontrado un modo de comprarte una. Hijo, por favor no subestimes el poder de ese libro. Ejércitos han marchado contra ella, reyes han trabajado para destruirla, y filósofos han profetizado su muerte. Sin embargo, la Palabra de Dios permanece como un testimonio de que Dios trae salvación al hombre. Y ninguna potestad del infierno puede detener ese testimonio continuado.*

*A la luz de eso, acude a Él a menudo, con hambre, humildad, quebranto, y en gran necesidad. No acudas para así poder enseñar a otros; enseña solamente lo que tú aprendes. Haz que el aprendizaje sea tu prioridad. Cada respuesta para cada necesidad está a tu disposición en este libro: la Biblia.*

**9. *Entrega la fe.***

*Una vez mientras estaba ministrando en España, llamé a casa para ver cómo les iba a todos ustedes.*

*Cuando tú te pusiste al teléfono, preguntaste si alguien había sido salvo. Tuve que explicarte que estaba allí para trabajar con pastores y estudiantes de la escuela bíblica, y que por lo tanto nadie había recibido a Cristo. Aquella noche hablé en una iglesia, y una joven nació de nuevo. Es la única vez que ha sucedido eso en este tipo de viaje. Creo que fue en honor a tu interés.*

*Como don, tú eres evangelista. Todos lo hemos sabido durante años. Me he emocionado porque tu futuro es uno que contará para la eternidad.*

*¿Recuerdas cuando solía llevarte a Redding para asistir a una reunión de Mario Murillo, alentándote a "observar al evangelista, porque algún día tú podrías estar en sus zapatos"?*

*Si haces que el corazón de Dios sea el enfoque de tu corazón, y recuerdas el valor de la vida humana, nunca te faltarán oportunidades de ministrar este gran evangelio a un mundo moribundo. ¡Y lo harás con poder de resurrección!*

**10. Conoce lo que Dios piensa de ti.**

*Su perdón es mayor que tu capacidad de pecar. Su plan para ti es perfecto. Es el único plan que posiblemente puede satisfacer plenamente tu corazón. Él piensa en ti todo el tiempo; de hecho, tanto Jesús como el Espíritu Santo oran al Padre por ti 24 horas al día. Dios ve más allá de tus problemas y se emociona por tu potencial. Él tiene tanta confianza en que te irá bien en la vida, que en este momento está preparando un lugar para ti en la eternidad como parte de tu recompensa. Él sintió que valía la pena morir por ti, para que tú consideraras que vale la pena vivir por Él. Él nunca comienza el día de mal humor. ¡Sus misericordias son nuevas cada mañana! Sus pensamientos para ti son grandes, y vale la pena descubrirlos por ti mismo.*

¡Con mucho amor!

*Papá*

# APÉNDICE 2

## GUÍA PARA PADRES PARA LA ESCUELA DOMINICAL EN CASA

Este es el patrón que adoptamos hace más de treinta años atrás en nuestra iglesia en Weaverville. Lo menciono ahora como una referencia para el tipo de cosas que podemos hacer para ayudar a nuestros hijos en el aprendizaje.

En nuestro programa de escuela dominical, cada lección sigue un esquema de cuatro partes, a la vez que deja espacio para el "sabor" familiar personal. El difunto Larry Richards, a quien admirábamos mucho, creó este fundamento. Él era autor, educador, y el editor de los recursos tan conocidos y ampliamente utilizados *Adventure Bible* y *Teen Study Bible*.

**1. Compartir amor.** Cada lección comienza con una actividad, con la intención de establecer una atmósfera relajada y alentadora. Nuestra escuela dominical ya está dentro del entorno familiar, de modo que la familiaridad no es un problema. Este tiempo inicial, sin embargo, se utiliza para preparar el escenario para que haya una comunicación cálida y abierta mediante (a) afirmarnos unos a otros con palabras alentadoras, iniciadas por los padres, o (b) comenzar con una pregunta sugerida para estimular la curiosidad y la conversación sobre el tema del día.

**2. Entender la verdad de Dios.** Este tiempo de enseñanza incluye actividades de aprendizaje creativo para reforzar cada lección. Recordamos el 10 por ciento de lo que oímos, el 50 por ciento de lo que oímos y vemos, ¡y el 90 por ciento de lo que oímos, vemos y hacemos!

**3. Explorar la Palabra de Dios.** Esta es una oportunidad para ver la verdad en las Escrituras. Es bueno que los niños de más edad encuentren y lean ellos mismos los textos, pero los niños más pequeños disfrutan que les lean la Biblia como una historia.

**4. Responder a la verdad de Dios.** Finalmente, aplicamos la verdad que se ha enseñado. Este tiempo de aplicación incluye reconocer la responsabilidad personal o sugerir actividades para establecer a toda la familia en la aplicación de la verdad. Recuerda: nuestra meta no es solo transmitir hechos de la Biblia; es impartir "semejanza" (ver Lucas 6:40). Debido a eso, debemos recordar constantemente personalizar la verdad y no tratarla de modo abstracto.

# APÉNDICE 3

## CUATRO PIEDRAS ANGULARES DEL PENSAMIENTO: UNA DECLARACIÓN

Ocasionalmente leemos esta confesión antes de recibir una ofrenda. Es una de cuatro lecturas en la ofrenda que utilizamos en Bethel.[7] Redactada por quienes sirven en nuestro ministerio de niños, está basada en mi enseñanza sobre las cuatro piedras angulares del pensamiento que enumeré en el capítulo 3. Declarada como confesión, es una manera práctica de integrar estos conceptos profundamente en el corazón.

Soy poderoso.
Y lo que creo cambia el mundo.
De modo que hoy declaro:

Dios está de buen humor.
Él me ama todo el tiempo.
Nada puede separarme de su amor.
La sangre de Jesús pagó por todo.
Hablaré a las naciones de lo que Él ha hecho.

Yo soy importante.
Es asombroso cómo Él me creó.

---

7. Para ver las cuatro lecturas de las ofrendas, visita https://www.bethel.com/offering-readings/.

Fui diseñado para adorar.
Mi boca establece alabanza para silenciar al enemigo.
Dondequiera que voy se convierte en una zona de salud perfecta.
Y para Dios,

¡nada es imposible!

# APÉNDICE 4

# ORAR LA BIBLIA

Aquí tenemos algunos de los versículos que nuestra familia ha utilizado en la oración por nuestros hijos y nietos, y en el caso de mi mamá, por sus bisnietos. Es realmente la lista de mi mamá, que ella dio a todos los padres en nuestra familia. Observarás que algunos versículos pueden orarse y declararse "tal cual". En otros casos, los versículos presentan un principio que revela cómo o qué necesitamos abordar en oración y/o proclamación. He enumerado estos pasajes en dos traducciones diferentes: la Reina-Valera 1960 (RVR-60) y la Nueva Traducción Viviente (NTV). También he añadido una tercera: The Passion Translation (TPT).

## *JOSUÉ 24:15*

Reina-Valera 1960 (RVR-60)

... pero yo y mi casa serviremos a Jehová.

Nueva Traducción Viviente (NTV)

Pero en cuanto a mí y a mi familia, nosotros serviremos al Señor.

## DEUTERONOMIO 4:9

RVR-60

Por tanto, guárdate, y guarda tu alma con diligencia, para que no te olvides de las cosas que tus ojos han visto, ni se aparten de tu corazón todos los días de tu vida; antes bien, las enseñarás a tus hijos, y a los hijos de tus hijos.

NTV

¡Pero cuidado! Asegúrate de nunca olvidar lo que viste con tus propios ojos. ¡No dejes que esas experiencias se te borren de la mente mientras vivas! Y asegúrate de transmitirlas a tus hijos y a tus nietos.

## SALMOS 18:50

RVR-60

Grandes triunfos da a su rey,
Y hace misericordia a su ungido,
A David y a su descendencia, para siempre.

NTV

Le das grandes victorias a tu rey;
 le muestras amor inagotable a tu ungido,
 a David y a todos sus descendientes para siempre.

The Passion Translation (TPT)

Me has nombrado rey y me has rescatado
una y otra vez con tus milagros magníficos.
Has sido bueno y misericordioso conmigo, tu ungido.
Este favor se verá para siempre sobre tu siervo amoroso, David,
¡y en todos mis descendientes!

## SALMOS 22:30-31

RVR-60

La posteridad le servirá;
Esto será contado de Jehová hasta la postrera generación.
Vendrán, y anunciarán su justicia;
A pueblo no nacido aún, anunciarán que él hizo esto.

NTV

Nuestros hijos también lo servirán;
las generaciones futuras oirán de las maravillas del Señor.
A los que aún no han nacido les contarán de sus actos de justicia;
ellos oirán de todo lo que él ha hecho.

TPT

Su simiente espiritual lo servirá.
Las generaciones futuras oirán de nosotros
las maravillas del Señor soberano.
Su generación que aún no ha nacido lo glorificará.
Y todos ellos declararán: "¡Consumado es!".

## SALMOS 33:11

RVR-60

El consejo de Jehová permanecerá para siempre;
Los pensamientos de su corazón por todas las generaciones.

NTV

Pero los planes del Señor se mantienen firmes para siempre;
sus propósitos nunca serán frustrados.

TPT

Su plan de destino para la tierra permanece firme.
Su plan eterno sigue en su lugar y nunca fallará.

## SALMOS 37:26

RVR-60

En todo tiempo tiene misericordia, y presta;
Y su descendencia es para bendición.

NTV

Los justos siempre prestan con generosidad
y sus hijos son una bendición.

TPT

En cambio, he visto que los piadosos
son los generosos que dan libremente a otros.
Sus hijos son benditos y se convierten en una bendición.

## SALMOS 78:1-7

RVR-60

Escucha, pueblo mío, mi ley;
Inclinad vuestro oído a las palabras de mi boca.
Abriré mi boca en proverbios;
Hablaré cosas escondidas desde tiempos antiguos,
Las cuales hemos oído y entendido;
Que nuestros padres nos las contaron.
No las encubriremos a sus hijos,
Contando a la generación venidera las alabanzas de Jehová,
Y su potencia, y las maravillas que hizo.
El estableció testimonio en Jacob,
Y puso ley en Israel,

La cual mandó a nuestros padres
Que la notificasen a sus hijos;
Para que lo sepa la generación venidera, y los hijos que nacerán;
Y los que se levantarán lo cuenten a sus hijos,
A fin de que pongan en Dios su confianza,
Y no se olviden de las obras de Dios;
Que guarden sus mandamientos...

NTV

Oh pueblo mío, escucha mis enseñanzas;
abre tus oídos a lo que digo,
porque te hablaré por medio de una parábola.
Te enseñaré lecciones escondidas de nuestro pasado,
historias que hemos oído y conocido,
que nos transmitieron nuestros antepasados.
No les ocultaremos estas verdades a nuestros hijos;
a la próxima generación le contaremos
de las gloriosas obras del Señor,
de su poder y de sus imponentes maravillas.
Pues emitió sus leyes a Jacob;
entregó sus enseñanzas a Israel.
Les ordenó a nuestros antepasados
que se las enseñaran a sus hijos,
para que la siguiente generación las conociera
—incluso los niños que aún no habían nacido—,
y ellos, a su vez, las enseñarán a sus propios hijos.
De modo que cada generación volviera a poner su esperanza en Dios
y no olvidara sus gloriosos milagros,
sino que obedeciera sus mandamientos.

TPT

Amados, escuchen esta instrucción.
Abran sus corazones a la revelación

de este misterio que comparto con ustedes.
Una parábola y un proverbio están ocultos en lo que digo,
un acertijo intrigante del pasado.
Hemos oído a nuestros padres historias reales sobre nuestra abundante herencia.
Las seguiremos contando a nuestros hijos
y no ocultaremos a la siguiente generación
las grandes maravillas de nuestro Dios,
sus milagros y su poder que nos han traído hasta aquí.
La historia de Israel es una lección sobre los caminos de Dios.
Él estableció decretos para Jacob y estableció la ley en Israel,
y ordenó a nuestros padres que los enseñaran a sus hijos.
A perpetuidad serán transmitidos los caminos de Dios,
de una generación a la siguiente, incluso a los no nacidos aún.
De este modo, cada generación tendrá una fe viva en las leyes de la vida
y nunca olvidará los fieles caminos de Dios.

## SALMOS 79:13

RVR-60

Y nosotros, pueblo tuyo, y ovejas de tu prado,
Te alabaremos para siempre;
De generación en generación cantaremos tus alabanzas.

NTV

Entonces nosotros, tu pueblo, las ovejas de tu prado,
te agradeceremos por siempre y para siempre,
y alabaremos tu grandeza de generación en generación.

TPT

Entonces nosotros, que te amamos, te agradeceremos por siempre,
¡alabando tu nombre de generación en generación!

## SALMOS 90:16-17

RVR-60

Aparezca en tus siervos tu obra,
Y tu gloria sobre sus hijos.
Sea la luz de Jehová nuestro Dios sobre nosotros,
Y la obra de nuestras manos confirma sobre nosotros;
Sí, la obra de nuestras manos confirma.

NTV

Permite que tus siervos te veamos obrar otra vez,
que nuestros hijos vean tu gloria.
Y que el Señor nuestro Dios nos dé su aprobación
y haga que nuestros esfuerzos prosperen;
sí, ¡haz que nuestros esfuerzos prosperen!

TPT

Permítenos ver tus milagros otra vez, y que la siguiente generación
vea las maravillas gloriosas por las que eres famoso.
Oh Señor, Dios nuestro, que tu dulce belleza repose sobre nosotros
y nos dé favor.
Trabaja con nosotros, y entonces nuestras obras perdurarán,
y danos éxito en todo lo que hagamos.

## SALMOS 100:5

RVR-60

Porque Jehová es bueno; para siempre es su misericordia,
Y su verdad por todas las generaciones.

NTV

Pues el Señor es bueno.
Su amor inagotable permanece para siempre,
y su fidelidad continúa de generación en generación.

TPT

Pues el Señor es siempre bueno y está listo para recibirte.
Es tan amoroso que te asombrará,
¡Tan bueno que te sorprenderá!
Y es famoso por su fidelidad hacia todos.
Todos saben que se puede confiar en nuestro Dios,
porque él cumple sus promesas a cada generación.

## SALMOS 102:28

RVR-60

Los hijos de tus siervos habitarán seguros,
Y su descendencia será establecida delante de ti.

NTV

Los hijos de tu pueblo
vivirán seguros;
los hijos de sus hijos
prosperarán en tu presencia

TPT

Generación tras generación, nuestros descendientes vivirán seguros,
porque tú eres quien nos protege, y nos guarda para ti mismo.

## SALMOS 103:17-18

RVR-60

Mas la misericordia de Jehová es desde la eternidad y hasta la eternidad sobre los que le temen,
Y su justicia sobre los hijos de los hijos;
Sobre los que guardan su pacto,
Y los que se acuerdan de sus mandamientos para ponerlos por obra.

NTV

Pero el amor del Señor permanece para siempre
con los que le temen.
¡Su salvación se extiende a los hijos de los hijos
de los que son fieles a su pacto,
de los que obedecen sus mandamientos!

TPT

Pero Señor, tu amor infinito se extiende
de una eternidad a la otra,
inquebrantable e implacable hacia aquellos que te temen
y quienes se postran delante de ti.
Tu fidelidad en cumplir cada promesa que has hecho
pasa de los padres a los hijos, a los nietos y más allá.
Tú eres fiel con todos los que siguen tus caminos
y guardan tu palabra.

## SALMOS 112:2

RVR-60

Su descendencia será poderosa en la tierra;
La generación de los rectos será bendita.

NTV

Sus hijos tendrán éxito en todas partes;
toda una generación de justos será bendecida.

TPT

Sus descendientes serán prósperos e influyentes.
Cada generación de sus seguidores piadosos experimentará
su favor.

## SALMOS 127:3

RVR-60

He aquí, herencia de Jehová son los hijos;
Cosa de estima el fruto del vientre.

NTV

Los hijos son un regalo del Señor;
son una recompensa de su parte.

TPT

Los hijos son el regalo de amor de Dios; son la generosa recompensa del cielo.

## SALMO 128

RVR-60

Bienaventurado todo aquel que teme a Jehová,
Que anda en sus caminos.
Cuando comieres el trabajo de tus manos,
Bienaventurado serás, y te irá bien.
Tu mujer será como vid que lleva fruto a los lados de tu casa;
Tus hijos como plantas de olivo alrededor de tu mesa.
He aquí que así será bendecido el hombre
Que teme a Jehová.
Bendígate Jehová desde Sion,
Y veas el bien de Jerusalén todos los días de tu vida,
Y veas a los hijos de tus hijos.
Paz sea sobre Israel.

NTV

¡Qué feliz es el que teme al Señor,
todo el que sigue sus caminos!

Gozarás del fruto de tu trabajo;
¡qué feliz y próspero serás!
Tu esposa será como una vid fructífera,
floreciente en el hogar.
Tus hijos serán como vigorosos retoños de olivo
alrededor de tu mesa.
Esa es la bendición del Señor
para los que le temen.
Que el Señor te bendiga continuamente desde Sión;
que veas prosperar a Jerusalén durante toda tu vida.
Que vivas para disfrutar de tus nietos.
¡Que Israel tenga paz!

TPT

Qué gozosos son quienes aman al Señor y se postran ante Dios,
¡listos para obedecerlo!
Tu recompensa será prosperidad, felicidad y bienestar.
Tu esposa bendecirá tu corazón y tu casa.
Tus hijos te producirán gozo al reunirse en tu mesa.
Sí, esta es la generosa recompensa de Dios para quienes lo aman.
¡Qué el Señor te bendiga desde su gloria en Sión!
Que veas la prosperidad de Jerusalén a lo largo de tu vida.
Y que seas rodeado por tus nietos.
¡Felicidad sea sobre ti! ¡Y felicidad sea sobre Israel!

## SALMOS 144:12-15

RVR-60

Sean nuestros hijos como plantas crecidas en su juventud,
Nuestras hijas como esquinas labradas como las de un palacio;
Nuestros graneros llenos, provistos de toda suerte de grano;
Nuestros ganados, que se multipliquen a millares y decenas de millares en nuestros campos;

Nuestros bueyes estén fuertes para el trabajo;
No tengamos asalto, ni que hacer salida,
Ni grito de alarma en nuestras plazas.
Bienaventurado el pueblo que tiene esto;
Bienaventurado el pueblo cuyo Dios es Jehová.

NTV

Que nuestros hijos florezcan en su juventud
como plantas bien nutridas;
que nuestras hijas sean como columnas elegantes,
talladas para embellecer un palacio.
Que nuestros graneros estén llenos
de toda clase de cosechas;
que los rebaños en nuestros campos se multipliquen de a miles,
y hasta de a diez miles,
y que nuestros bueyes estén muy cargados de alimentos.
Que ningún enemigo penetre nuestras murallas,
ni nos lleve cautivos,
ni haya gritos de alarma en las plazas de nuestras ciudades.
¡Felices los que viven así!
Felices de verdad son los que tienen a Dios como el Señor.

TPT

¡Libéranos! Entonces nuestros hogares serán felices.
Nuestros hijos crecerán como hombres fuertes y vigorosos
y nuestras hijas con grácil belleza,
formadas en la realeza como para un palacio.
Nuestros graneros estarán llenos,
rebosantes de los frutos de nuestra cosecha.
Nuestros campos estarán llenos de ovejas y ganado,
demasiados para poder contarlos,
y nuestros rebaños tendrán a sus cachorros.
Nuestros enemigos no invadirán nuestra tierra,

y no habrá brecha en nuestros muros.
¡Qué dicha sentiremos cuando caigan estas bendiciones!
El pueblo que ama y sirve a nuestro Dios será feliz ciertamente.

## *PROVERBIOS 11:21-23*

RVR-60

Tarde o temprano, el malo será castigado;
Mas la descendencia de los justos será librada.
Como zarcillo de oro en el hocico de un cerdo
Es la mujer hermosa y apartada de razón.
El deseo de los justos es solamente el bien;
Mas la esperanza de los impíos es el enojo.

NTV

Los malvados seguramente recibirán castigo,
  pero los hijos de los justos serán liberados.
Una mujer hermosa sin discreción
  es como un anillo de oro en el hocico de un cerdo.
Los justos pueden esperar una recompensa,
  mientras que a los perversos solo les espera juicio.

TPT

Asalta a tu prójimo y ciertamente serás castigado,
pero Dios rescatará a los hijos de los piadosos.
Una mujer hermosa que abandona la buena moralidad
es como un anillo de oro fino colgando del hocico de un cerdo.
Quienes aman verdaderamente a Dios están llenos de pertenencias
de lo que es agradable y bueno,
pero los malvados solo pueden esperar juicio.

## PROVERBIOS 14:26

RVR-60

En el temor de Jehová está la fuerte confianza;
Y esperanza tendrán sus hijos.

NTV

Los que temen al Señor están seguros;
él será un refugio para sus hijos.

TPT

Confianza y fuerza llenan los corazones
de quienes aman a Dios y viven en temor de Él,
y su devoción proporciona a sus hijos
un lugar de refugio y seguridad.

## PROVERBIOS 23:24-25

RVR-60

Mucho se alegrará el padre del justo,
Y el que engendra sabio se gozará con él.
Alégrense tu padre y tu madre,
Y gócese la que te dio a luz.

NTV

El padre de hijos justos tiene motivos para alegrarse.
¡Qué satisfacción es tener hijos sabios!
¡Por eso, alegra a tu padre y a tu madre!
Que sea feliz la que te dio a luz.

TPT

Cuando un padre observa a su hijo vivir en piedad,
se llena de gozo, ¡nada le hace sentirse más orgulloso!

Que el corazón de tu padre rebose de alegría,
y el alma de tu madre sea llena de gozo a causa de ti.

## ISAÍAS 38:19-20

RVR-60

El que vive, el que vive, éste te dará alabanza, como yo hoy;
el padre hará notoria tu verdad a los hijos.
Jehová me salvará; por tanto cantaremos nuestros cánticos en la casa de Jehová todos los días de nuestra vida.

NTV

Solo los vivos pueden alabarte como yo lo hago hoy.
Cada generación le habla de tu fidelidad a la siguiente.
Imagínense: el Señor está dispuesto a sanarme.
Cantaré sus alabanzas con instrumentos
todos los días de mi vida
en el templo del Señor.

## ISAÍAS 44:3

RVR-60

Porque yo derramaré aguas sobre el sequedal, y ríos sobre la tierra árida; mi Espíritu derramaré sobre tu generación, y mi bendición sobre tus renuevos.

NTV

Pues derramaré agua para calmar tu sed
y para regar tus campos resecos;
derramaré mi Espíritu sobre tus descendientes,
y mi bendición sobre tus hijos.

## ISAÍAS 49:25

RVR-60

Pero así dice Jehová: Ciertamente el cautivo será rescatado del valiente, y el botín será arrebatado al tirano; y tu pleito yo lo defenderé, y yo salvaré a tus hijos.

NTV

Pero el Señor dice:
Los cautivos de los guerreros serán puestos en libertad,
y se recuperará el botín de los tiranos.
Pues yo pelearé contra quienes peleen contigo,
y salvaré a tus hijos.

## ISAÍAS 51:8

RVR-60

Pero mi justicia permanecerá perpetuamente, y mi salvación por siglos de siglos.

NTV

Pero mi justicia permanecerá para siempre;
mi salvación continuará de generación en generación.

## ISAÍAS 54:13

RVR-60

Y todos tus hijos serán enseñados por Jehová; y se multiplicará la paz de tus hijos.

NTV

Yo les enseñaré a todos tus hijos,
y ellos disfrutarán de una gran paz.

## ISAÍAS 59:21

RVR-60

Y este será mi pacto con ellos, dijo Jehová: El Espíritu mío que está sobre ti, y mis palabras que puse en tu boca, no faltarán de tu boca, ni de la boca de tus hijos, ni de la boca de los hijos de tus hijos, dijo Jehová, desde ahora y para siempre.

NTV

Y este es mi pacto con ellos —dice el Señor—. Mi Espíritu no los dejará, ni tampoco estas palabras que les he dado. Estarán en sus labios y en los labios de sus hijos, y de los hijos de sus hijos, para siempre. ¡Yo, el Señor, he hablado!

## JEREMÍAS 32:38-40

RVR-60

Y me serán por pueblo, y yo seré a ellos por Dios. Y les daré un corazón, y un camino, para que me teman perpetuamente, para que tengan bien ellos, y sus hijos después de ellos.
Y haré con ellos pacto eterno, que no me volveré atrás de hacerles bien, y pondré mi temor en el corazón de ellos, para que no se aparten de mí.

NTV

Ellos serán mi pueblo y yo seré su Dios. Les daré un solo corazón y un solo propósito: adorarme para siempre para su propio bien y el bien de todos sus descendientes. Y haré un pacto eterno con ellos: nunca dejaré de hacerles bien. Pondré en el corazón de ellos el deseo de adorarme, y nunca me dejarán.

## LUCAS 1:50

RVR-60

Y su misericordia es de generación en generación
A los que le temen.

NTV

Él muestra misericordia de generación en generación
a todos los que le temen.

TPT

La misericordia besa a todos los que la aman,
de generación en generación.

## HECHOS 2:17-18

RVR-60

Y en los postreros días, dice Dios,
Derramaré de mi Espíritu sobre toda carne,
Y vuestros hijos y vuestras hijas profetizarán;
Vuestros jóvenes verán visiones,
Y vuestros ancianos soñarán sueños;
Y de cierto sobre mis siervos y sobre mis siervas en aquellos días
Derramaré de mi Espíritu, y profetizarán.

NTV

En los últimos días —dice Dios—,
derramaré mi Espíritu sobre toda la gente.
Sus hijos e hijas profetizarán.
Sus jóvenes tendrán visiones,
y sus ancianos tendrán sueños.
En esos días derramaré mi Espíritu

aun sobre mis siervos —hombres y mujeres por igual—
y profetizarán.

TPT

Esto es lo que haré en los últimos días: derramaré mi Espíritu sobre todos y haré que sus hijos e hijas profeticen, y sus jóvenes verán visiones, y sus ancianos soñarán sueños provenientes de Dios. El Espíritu Santo vendrá sobre todos mis siervos, hombres y mujeres igualmente, y profetizarán.

## HECHOS 3:25

RVR-60

Vosotros sois los hijos de los profetas, y del pacto que Dios hizo con nuestros padres, diciendo a Abraham: En tu simiente serán benditas todas las familias de la tierra.

NTV

Ustedes son los hijos de esos profetas y están incluidos en el pacto que Dios les prometió a sus antepasados. Pues Dios le dijo a Abraham: "Todas las familias de la tierra serán bendecidas por medio de tus descendientes".

TPT

Y ustedes son herederos de sus profecías y de los pactos que Dios hizo con sus padres cuando prometió a Abraham: "Tu descendencia llevará bendición a todos los pueblos de la tierra".

## HECHOS 16:31

RVR-60

Ellos dijeron: Cree en el Señor Jesucristo, y serás salvo, tú y tu casa.

NTV

Ellos le contestaron:
—Cree en el Señor Jesús y serás salvo, junto con todos los de tu casa.

TPT

Ellos respondieron: "Cree en el Señor Jesús y serás salvo, tú y toda tu familia".

**Bill** y **Beni Johnson** son los líderes principales de la Iglesia Bethel, en Redding, California. Bill es pastor de quinta generación con una abundante herencia en el Espíritu Santo. El mover de Dios actual lo ha llevado a una comprensión más profunda de la frase "como en el cielo, así también en la tierra". El cielo es el modelo para nuestra vida y ministerio. Bill y la familia de la Iglesia Bethel han tomado este tema para la vida y el ministerio, donde son normales las sanidades y milagros. Él enseña que le debemos al mundo un encuentro con Dios, y que un evangelio sin poder no es el evangelio que Jesús predicaba. Bill es también el cofundador de la escuela BSSM (Escuela de Ministerio Sobrenatural Bethel).

Beni es pastora, autora y oradora. Tiene un llamado a la intercesión gozosa, que es una parte integral de la Iglesia Bethel. Su perspectiva sobre estrategias para la oración y su participación en redes de oración causa victorias con un impacto global. Siente pasión por la salud y la integridad, en cuerpo, alma y espíritu.

Juntos, Bill y Beni sirven a un número creciente de iglesias que han colaborado para el avivamiento. Esta red apostólica ha cruzado límites denominacionales a la hora de construir relaciones que permiten a los líderes de iglesias caminar en pureza y poder. Y como dice Bill en estas páginas, el hogar es el punto de inicio para tener ese tipo de impacto mundial: "El éxito en el hogar nos da la base de autoridad para ir a cualquier otro lugar... comienza en el hogar".

La meta de Bill y Beni en el hogar ha sido siempre formar vencedores de gigantes mediante una crianza intencional. Sus tres hijos ahora están casados y todos ellos sirven con sus cónyuges en el ministerio a tiempo completo. Entre los tres, han dado a Bill y Beni diez nietos, quienes también están siendo formados como vencedores de gigantes.